21世纪高职船舶系列教材
SHIJI GAOZHI CHUANBO XILIE JIAOCAI

船舶电站实训指导

主编 / 王文义　副主编 / 丛培亭　主审 / 张丹平

哈尔滨工程大学出版社

内容简介

本书包括对船舶电站电气设备进行安装及调试的9个技能训练：现场使用的电工仪表、电路状态与一般故障检查方法、船舶发电机的安装与维护、船用盘装电气仪表、船舶蓄电池及充放电板的安装调试、保护整定与电气连锁、船舶发电机电压调整装置的调试、船舶发电机组的并车调试及船舶发电机并联运行与功率分配。

本书可作为船舶行业高职高专院校电气专业和相关专业学生的教材，也可供职工培训和相关技术人员参考。

图书在版编目(CIP)数据

船舶电站实训指导/王文义主编.—哈尔滨：哈尔滨工程大学出版社，2008.
ISBN 978-7-81133-188-2

Ⅰ.船… Ⅱ.王… Ⅲ.船用电站-高等学校：技术学校-教学参考资料 Ⅳ.U665.12

中国版本图书馆 CIP 数据核字(2008)第033983号

出版发行 哈尔滨工程大学出版社
社 址 哈尔滨市南岗区东大直街124号
邮政编码 150001
发行电话 0451-82519328
传 真 0451-82519699
经 销 新华书店
印 刷 黑龙江省地质测绘印制中心
开 本 787mm×1 092mm 1/16
印 张 7
字 数 117千字
版 次 2008年3月第1版
印 次 2008年3月第1次印刷
定 价 12.00元
http://press.hrbeu.edu.cn
E-mail:heupress@hrbeu.edu.cn

21 世纪高职系列教材编委会

前言

随着高等职业教育改革步伐的加快,对高职高专类院校学生的动手能力和操作技能的培养提出了越来越高的要求。为了适应这一快速发展的教育形势的需要,高职高专类院校在人才培养过程中必须加强学生的实践性教学环节。《船舶电站实训指导》就是为了适应高等职业教育改革和人才培养的需要,加强船舶电气类专业学生的实际动手能力和操作技能而编写的实训教材。

本书所设计的实践环节教学内容来自于企业工作任务,采用任务驱动方法,通过对船舶电站涉及到的发电机组、配电装置等电气设备安装、操作、系统调试、故障排除的训练,实现船舶电气自动化专业学生职业技能的培养。为了强化核心技能的形成,本实训教程遵循"循序渐进、综合应用、能力培养"的思路,在内容安排上,突出交流电站的发电机组和配电装置的相关实训内容,结合目前船舶电站现有技术,以感性认识为先导,配合船舶电站的基本构成、系统特点、操作过程、安装工艺和调试维护等知识要点,首先解决"是什么"的认识问题;然后通过具体的实训项目,在实训过程中解决"怎么做"的问题;最后通过一些综合训练,解决"怎么做得更好"的问题。最终使受训者具有读图能力、动手操作能力、分析判断能力、系统调试能力和书面表达能力,最终达到运用专业知识解决实际问题的目的,形成综合知识、拥有专业技能。

船舶电气类专业具有鲜明的行业特点和独特的职业技能。本实训指导教材在结构上由9个独立的"技能训练"模块组成。它主要针对船舶电站在建造、改装和使用过程中,涉及到的电气设备安装、调试、检修及维护等工作内容,归纳成典型的工作任务,形成"技能训练"模块。在每个技能训练模块中,有必备的知识点及操作技能要求,通过实例演示和实训操作,使学生得到最基本的船舶电工实际技能的训练,从而掌握今后上岗所必须具备的电气安装、调试、操作、维护、诊断等职业技能和各类仪表器具的使用方法。

本书所列出的"技能训练"模块次序为建议排序,各教学模块的学时安排为基本的时间要求。各"技能训练"模块相对独立,在教学的时间顺序和内容的时间安排上,可根据教学条件灵活选择。

本书由武汉船舶职业技术学院王文义担任主编,渤海船舶职业技术学院丛培亭担任副主编,张丹平主审。

编写技能训练教材是高等职业学校面临的一个崭新课题,需要不断地探索和研究。由于编者水平有限,编写时间仓促,书中难免有不当之处,敬请读者批评指正。

编 者

2008年3月10日

目录

技能训练一　现场使用的电工仪表

对于在现场从事船舶电气的工作人员，经常要用电工仪表来测量电气设备的电气参数。最常用的有万用表、钳形电流表、兆欧表和接地电阻表。

第一部分　教学要求

一、目的要求

1. 了解常用电工仪表的准确度等级与基本误差。
2. 熟悉万用表、钳形电流表、兆欧表和接地电阻表的使用方法。

二、工具器材

1. 个人电工工具一套（万用表、试电笔、电工工具套、电工刀、起子、钢丝钳、活动扳手）。
2. 万用表、钳形电流表、兆欧表、接地电阻表。
3. 各种电线、保险盒、闸刀等。

三、教学节奏与方式

项目		时间安排	教学内容
1	阅读教材	课余	自学、查资料
2	教师讲授	0.5课时	①万用表的使用（数字表） ②钳形表的使用 ③兆欧表的使用
3	学生实作	3.5课时	①电压、电流、电阻的测试 ②用钳形表测电流 ③用兆欧表测绝缘电阻

四、成绩评定

技能训练成绩：　　　　　　教师签名：　　　　　　时间：

第二部分　教学内容

一、电工仪表的准确度

准确度是指仪表在正常工作条件下的最大误差占仪表刻度盘上满刻度的百分数。根据国家标准《电气测量指示仪表通用技术条例》的规定，电工仪表的准确度分为7个等级，如表1-1所示。

表1-1　电工仪表的准确度等级

仪表准确度等级	0.1	0.2	0.5	1.0	1.5	2.5	5.0
基本误差/%	±0.1	±0.2	±0.5	±1.0	±1.5	±2.5	±5.0
应用场合	标准表计量用	副标准器用	精密测量用	大型复杂配电装置用	一般配电装置，教师、工程技术人员用	小型配电盘用	学生实验用

注：①为提高测量精确度，在使用仪表时，应使测量值在仪表满刻度的2/3以上。
②电工仪表的准确度等级越高，价格越高。

二、指针式万用表

万用表又叫多用表，它主要用来测量电压、电流和电阻，因此有时也称为三用表。下面以MF368型万用表为例加以介绍（如图1-1所示）。它的主要技术性能、范围及准确度为

直流电流：0~0.25 A　　准确度±2.5%
直流电压：0~500 V　　准确度±2.5%
交流电压：0~500 V　　准确度±5%
电　　阻：0~10 000 kΩ　　准确度±2.5%
晶体管放大系数：0~200

图1-1　MF68型万用表外形

图1-2所示为该型号万用表的仪表面板结构。万用表的使用方法如表1-2所示。

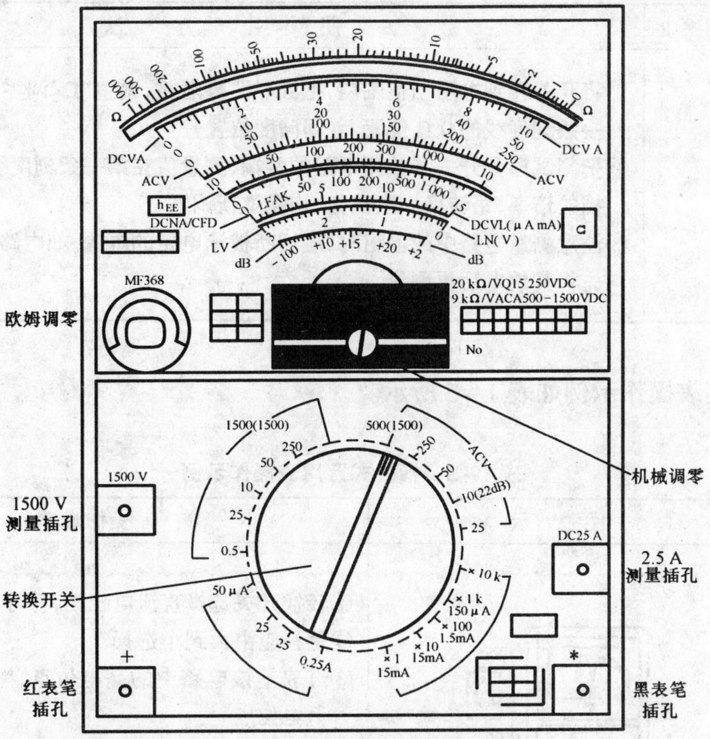

图 1-2　MF368 型万用表面板结构

表 1-2　万用表的使用方法

项　目	使　用　方　法
测量前的准备	①使用之前,应注意指针是否指在零位,如不在零位,可通过机械调零装置,将指针调到零位 ②把 1.5 V 五号电池及 10F20 型 15 V 层叠电池各一节装入万用电表电池夹内 ③把两根测试棒的短棒分别插到插座上,红棒插在"+"插座内,黑棒插在"*"插座(公用插座)内
直流电流测量	①根据所测电流的大小,把开关转换到相应的电流(mA)挡上 ②测量时把万用表串接在被测电路中,红棒接触在电路的正端,黑棒接触在电路的负端,测试棒的红棒在使用 2.5 A 挡时应插在 2.5 A 的插座内 ③电流测量的刻度看第二条刻度线
直流电压测量	①把开关转到与被测电压相对应的直流电压(V-)挡上 ②红测试棒接触电路的正端,黑测试棒接触电路的负端 ③测出的电压在第二条刻度线读出
交流电压测量	与直流电压的测量相似,只需把开关转到交流电压(V~)范围内,交流 10 V 挡刻度看第三条刻度线,其他各挡看第二条刻度线读出

表 1-2(续)

项　　目	使　　用　　方　　法
电阻测量	①将开关转到电阻挡范围内，把红黑两棒短路，调整“Ω”调零器，使指针指在第一条刻度线的 0 Ω 位置上(即满度位置) ②把测试棒分开去测被测电阻的两端，测量值在第一条刻度线上读出并乘上该挡的倍率，每转换一次挡位，均需重新调零 ③注意测量电路中的电阻时，应切断被测电路的电源，如电路中有电容存在，应先将其放电后再测量

指针式万用表操作示例如表 1-3 所示。

表 1-3　指针式万用表操作示例

被测量	图　　示	操作步骤
直流电压	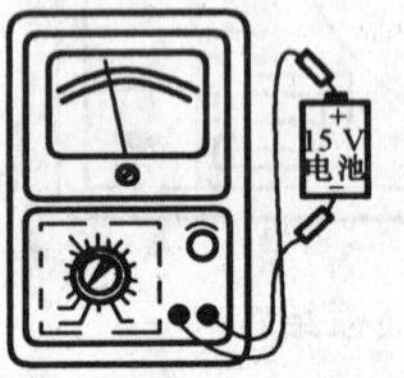	①转换开关选择直流电压挡，符号为 V ②量程应由大到小选择 ③红表笔接电路中的高电位点，黑表笔接电路中的低电位点 ④指针指示在接近标盘的 1/2 ~ 2/3 以上的地方 ⑤读数 = V/每格 × 格数 或读数 = mV/每格 × 格数
直流电流	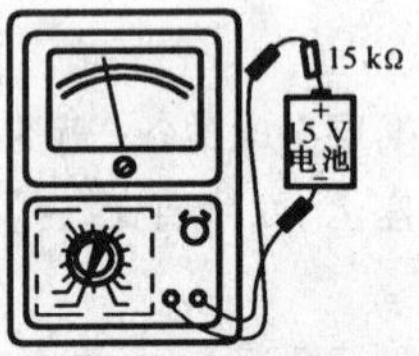	①测直流电流时转换开关应打到直流电流挡上 ②量程的选择从大到小 ③万用表的红表笔应插在标有“+”的插孔内，另一端接被测对象“+”极，黑表笔插在“*”的插孔内，另一端接被测对象“-”极 ④指针指示在接近标盘的 1/2 ~ 2/3 以上的地方 ⑤读数 = mA/每格 × 格数
电　　阻	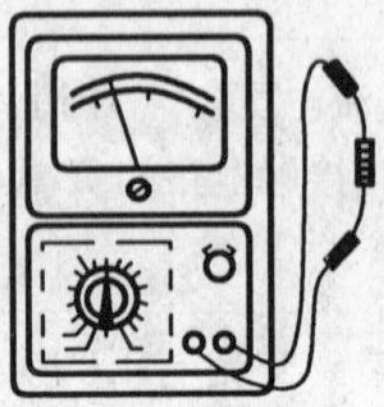	①电阻若在电路中，应切断被测电路的电源 ②转换开关打到电阻挡，符号为 Ω，选择合适的倍率 ③测量前应先短接表笔，调节欧姆调零旋钮，使指针调到欧姆 0 值 ④将表笔分别接到被测电阻两端，指针指示在接近标盘的 1/2 处左右 ⑤读数(在标尺的第一条由右向左读数) 电阻 = 指针读数 × 倍率

表 1-3(续)

被测量	图　示	操作步骤
交流电压	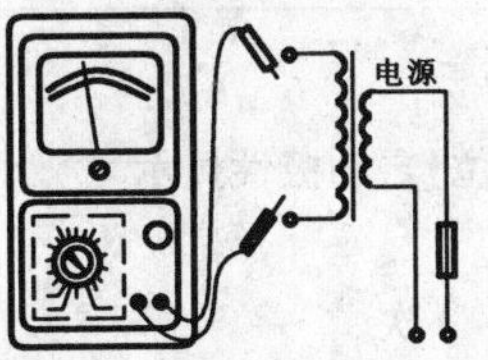	①转换开关打到(V~)位置 ②选择量程从大到小,要求与直流电压测试相同 ③将两表笔分别接被测物两端 ④读数同直流电压

三、数字万用表

数字万用表具有灵敏度高,准确度高等特点。图 1-3 所示为数字万用表的外形,这里以 DT840 型数字万用表为例说明。这种数字万用表的分辨率为 3.5 位,或称 3 位半,其最高位有效数字为 0 或 1,后 3 位均为十进制,有效数字为 0~9。

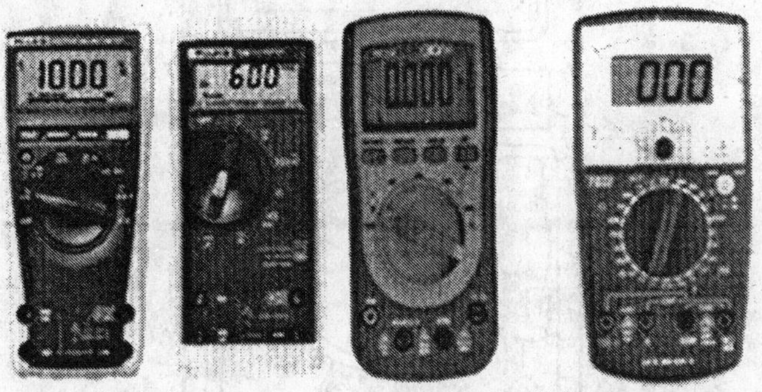

(a)　　　　　　　　(b)

图 1-3　数字万用表的外形

(a)数字万用表;(b)指针式数字万用表

DT840 型结构坚固,用电池驱动,可以进行直流和交流电压、直流和交流电流、电阻、二极管、带声响的通断测试及晶体管放大系数的测试,并具有极性选择、过量程显示及全量程过载保护的特点。

DT840 型的主要技术性能如表 1-4 所示。

表 1-4　DT840 型数字万用表的性能

测量范围	①直流电压:200 mV~1 000 V ②交流电压:200 mV~700 V ③直流电流:20 μA~20 A ④交流电流:20 μA~20 A ⑤电阻:0 Ω~20 MΩ ⑥二极管及带声响的通断测试晶体管放大系数:0~1 000

表 1-4(续)

工作条件	①工作温度:0 ℃~40 ℃,保证准确度的测试温度 23 ℃±5 ℃ ②工作频率:40~400 Hz
显示特性	①显示方式:LCD 显示 ②最大显示:1999(3.5 位)自动极性显示 ③过量程显示:“1” ④读数速度:约每秒 2~3 次
保护特性	全量程过载保护

DT840 型数字万用表的仪表面板结构如图 1-4 所示。

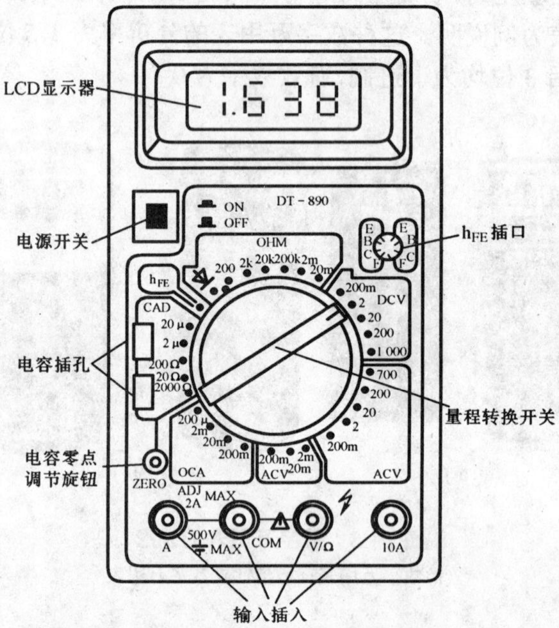

图 1-4　DT840 型数字万用表面板结构图

在使用数字万用表前应注意以下事项:

(1)将 ON-OFF 开关置 ON 位置,检查 9 V 电池电压值。如果电池电压不足,显示器左边将显示“LOBAT”或“BAT”字符,此时应打开后盖,更换指定型号(如 F22)的电池,如无上述字符显示,则可继续操作;

(2)若测试棒插孔旁边的正三角中有感叹号,表示输入电压或电流不应超过指示值;

(3)测试前功能开关应置于合适的量程。

数字万用表的使用方法如表 1-5 所示。

表 1-5　数字万用表的使用方法

直流电压、交流电压的测量	首先将黑棒插入 COM 插孔，红表棒插入 V/Ω 插孔。然后将功能开关置于 DCV（直流）或 ACV（交流）量程，并将测试表棒连接到被测电源两端，显示器将显示被测电压值。在显示直流电压值的同时，将显示红表棒端的极性，如果显示器只显示“1”，表示过量程，功能开关应置于更高的量程（下同）
直流电流、交流电流的测量	首先将黑表棒插入 COM 插孔，测量最大为 2 A 的电流，将红棒插入 A 孔，测量最大值为 20 A 的电流，将红棒插入 20 A 插孔。将功能开关置于 DCA 或 ACA 量程，测试表棒串联接入被测负载电路，显示器即显示被测电流值，在显示直流电流的同时，将显示红表棒端的极性
电阻的测量	首先将黑表棒插入 COM 插孔，红表棒插入 V/Ω 插孔（注意：红表棒极性为“+”，与指针式万用表相反）。然后将功能开关置于 Ω 量程，两表棒连接到被测电阻上，显示器将显示被测电阻值。如果被测电阻值超过了所选择量程的最大值，将显示过量程“1”，应选择更高的量程；电阻开路或无输入时，也显示为“1”，应注意区别
二极管测试	首先将黑表棒插入 COM 插孔，红表棒插入 V/Ω 插孔（红表棒极性为“+”）。然后将功能开关置于二极管挡，将表棒连接到被测二极管，显示器将显示正向压降的 mV 值。当二极管反向时，过载
带声响的通断测试	首先将黑表棒插入 COM 插孔，红表棒插入 V/Ω 插孔。然后将功能开关置于通断测试挡（与二极管测试量程相同），将测试表棒接到被测电阻，如表棒之间的阻值低于约 30 Ω，则蜂鸣器发声
晶体管放大系数 h_{FE} 测试	首先将功能开关置于 h_{FE} 挡，然后确定晶体管为 NPN 型或 PNP 型，并将发射极、基极、集电极分别插入相应的插孔。此时显示器将显示出晶体管放大系数 h_{FE} 的值（此时测试条件为基极电流 10 μA，集电极与发射极之间电压为2.8 V）

DT890D 型数字万用表操作示例如表 1-6 所示。

操作前注意事项：

(1)将 ON-OFF 开关置于 ON 位置，检查 9 V 电池，如果电池电压不足，“− +”将显示在显示器上，这时需更换电池，如果显示器没有“− +”，则按以下步骤操作；

(2)测试表笔插孔旁边的“⚠”符号，表示输入电压或电流不应超过指示值，这是为了保护内部线路免受损坏；

(3)测试之前，功能开关应置于所需要的量程。

表 1-6　DT890D 型数字万用表操作示例

被测量	图　示	操作步骤
直流电压测量	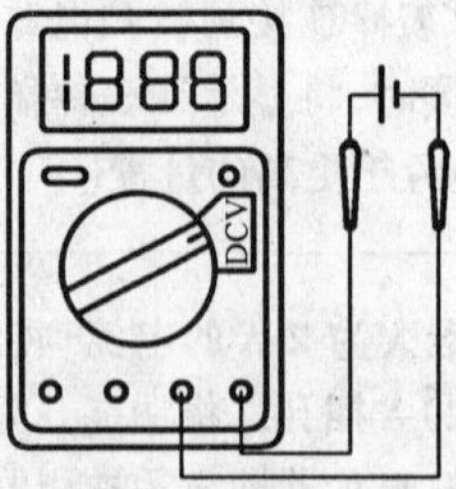	①将黑表笔插入 COM 插孔,红表笔插入 V/Ω 插孔 ②将功能开关置于 DCV 量程范围,并将测试表笔连接到待测电源或负载上,如左图所示,红表笔所接端的极性将同时显示在显示器上
交流电压测量	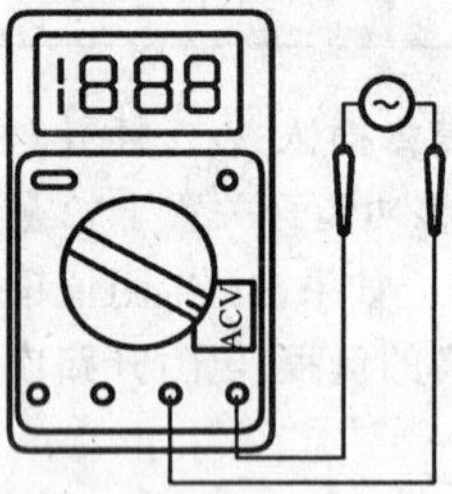	①将黑表笔插入 COM 插孔,红表笔插入 V/Ω 插孔 ②将功能开关置于 ACV 量程范围,并将测试表笔连接到测试电源或负载上,如左图所示
直流电流测量	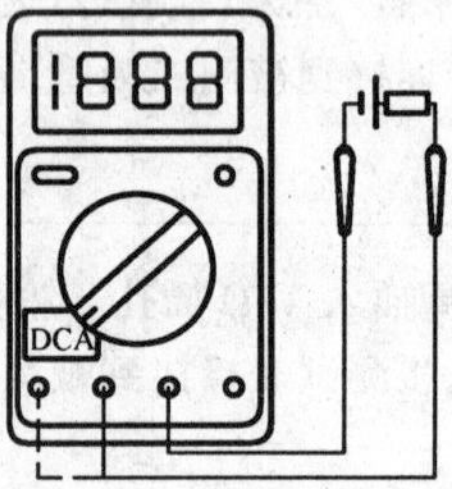	①将黑表笔插入 COM 插孔,当测量最大值为 200 mA 的电流时,红表笔插入 mA 插孔;当测量最大值为 20 A 电流时,红表笔插入 A 插孔 ②参照左图,将功能开关置于 DCA 量程,并将测试表笔串联接入到待测负载,电流值显示的同时,将显示红表笔的极性
交流电流测量	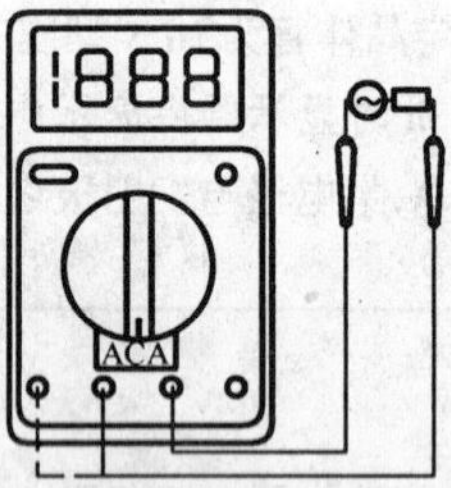	①将黑表笔插入 COM 插孔,当测量最大值为 200 mA 的电流时,红表笔插入 mA 插孔;当测量最大值为 20 A 的电流时,红表笔插入 A 插孔 ②参照左图,将功能开关置于 ACA 量程,并将测试表笔串联接入待测负载上
电阻测量	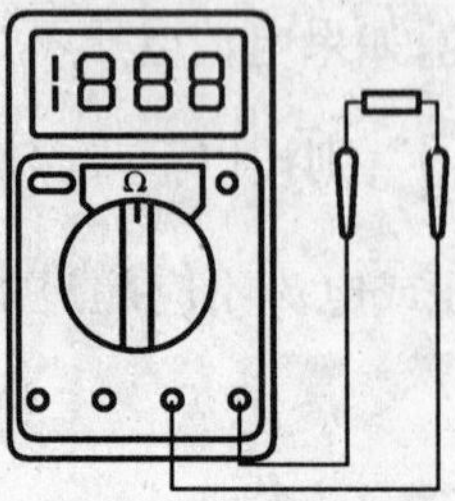	①将黑表笔插入 COM 插孔,红表笔插入 V/Ω 插孔(注意:红表笔极性为"+") ②将功能开关置于 Ω 量程,并参照左图,将测试表笔连接到待测电阻上

表 1-6(续)

被测量	图　　示	操作步骤
电容测量	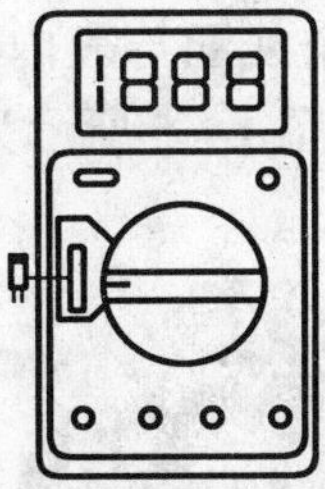	连接待测电容之前，注意每次转换量程时复零需要的时间，有漂移读数存在不会影响测试精度
二极管测试及带蜂鸣器的连续性测试	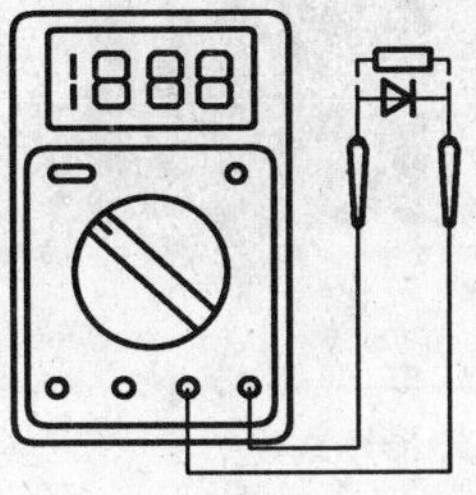	①将黑表笔插入 COM 插孔，红表笔插入 V/Ω 插孔（注意：红表笔极性为"+"） ②将功能开关置于"▶|"挡，并将表笔连接到待测二极管，如左图所示，读数为二极管正向压降近似值 ③将表笔连接到待测线路的两点，如果两点之间电阻低于约 70 Ω，内置蜂鸣器发声
晶体管 h_{FE} 测试		①将功能开关置于 h_{FE} 量程 ②确定 NPN 或 PNP 型，将基极、发射极和集电极分别插入前面板上相应的插孔，如左图所示 ③显示器上将读出 h_{FE} 的近似值，测试条件 $I_b = 10$ μA, $V_{ce} = 2.8$ V
音频频率测试	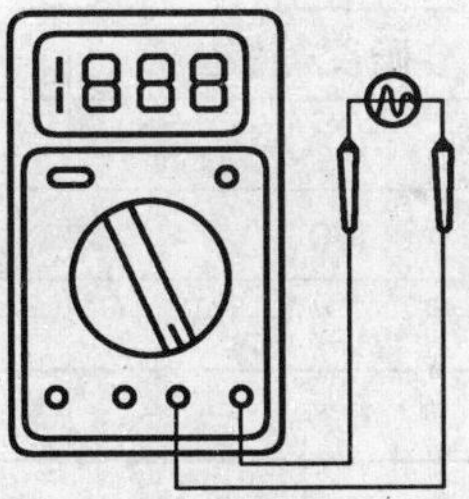	①将红表笔插入 V/Ω/f 插孔，黑表笔插入 COM 插孔 ②参照左图，将功能开关置于 kHz 量程，并将测试笔连接到频率源上，可直接从显示器上读取频率值
温度测试	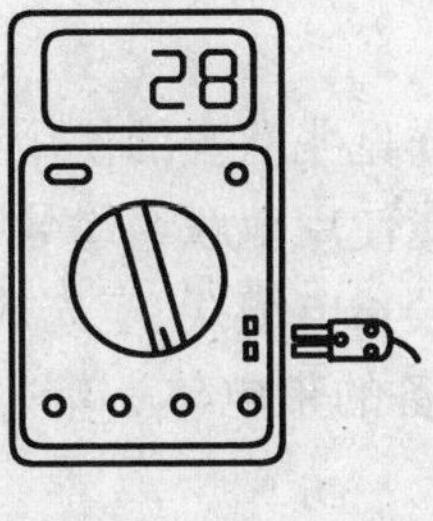	测量温度时，将热电偶传感器的冷端（自由端）插入温度测试座中，热电偶的工作端（测温端）置于待测物上面或内部，可直接从显示器上读取温度值，读数为摄氏度，（不要通过表笔插座测量），如左图所示

四、兆欧表

兆欧表主要用于测量电气设备的绝缘电阻，也称为摇表。兆欧表主要由一个手控高压直流发电机，两个线圈与兆欧表表针相连构成，其中一个线圈与表内附加电阻串联，另一个线圈与被测的电阻串联，然后一起接到手摇发电机上。图1-5所示为兆欧表的外形。

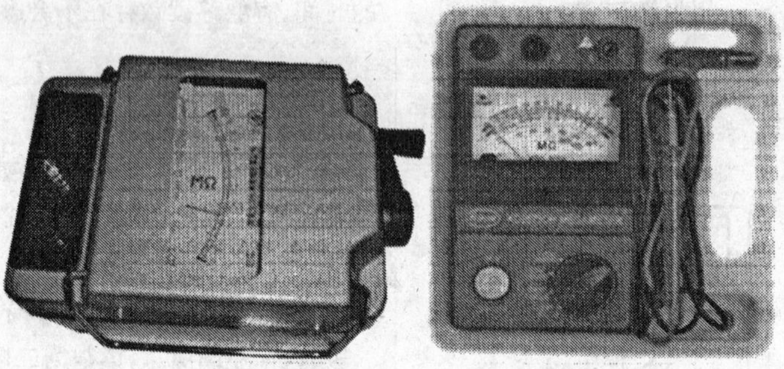

(a)　　　　(b)

图1-5　兆欧表的外形

(a)兆欧表；(b)笔型兆欧表

在使用兆欧表测量时，用手摇动发电机，两个线圈中同时有电流通过，表针就随两个线圈上产生的合成转矩偏转，在表盘上就可以读出相应的绝缘电阻阻值。

使用时要注意，测量额定电压为500 V以上的电气设备的绝缘电阻时，必须选用1 000~2 500 V兆欧表；测量500 V以下电压的电气设备，宜选用500 V兆欧表。

常用兆欧表规格及技术数据如表1-7所示。

表1-7　常用兆欧表型号及技术数据

型　号	额定电压/V	准确度等级	量程范围/MΩ
ZC25-1	100	1.0	100
ZC11-1	100	1.0	500
ZC28	500	1.5	200
ZC30-2	5 000	1.5	10 000

注：常用国产兆欧表的型号有ZC11和ZC25。

正确使用兆欧表应注意的问题如下：

(1)应正确选择兆欧表的电压等级和测量范围(详见兆欧表的使用说明书)；

(2)兆欧表的外接导线应选用单根多股铜线，不能使用双股绝缘导线；

(3)被测电气设备必须是不带电体(若是电容或较长电缆线，应先放电)；

(4)测量时，一般将兆欧表上的L端子接电气设备的带电体一端，E端子接外壳设备或接地；

(5)兆欧表在摇动时，转速应在120 r/min左右，并在一分钟后取一稳定值读取，并注意不要用手触及接线柱，以防触电；

(6)若被测电气设备短路,表指针摆动到"0"时,应停止摇动手柄,以防兆欧表过流发热损坏;

(7)测试完毕后,应对被测电气设备进行放电,兆欧表应保存在干燥、通风、无灰尘的柜子里;

(8)不能在有雷电或邻近有高压带电体设备时使用兆欧表进行测量。

五、钳形表

钳形表主要用于在不断开线路的情况下直接测量线路电流。在测量时,将钳形表的磁铁套在被测导线上(相当于一个电流互感器的初级线圈),钳形表中的次级线圈与电流表相串联(相当于一个电流互感器的次级线圈)。根据电磁感应原理在电流表上可以读出线路中的电流数值,钳形表的外形及使用方法如图1-6所示。

(a)

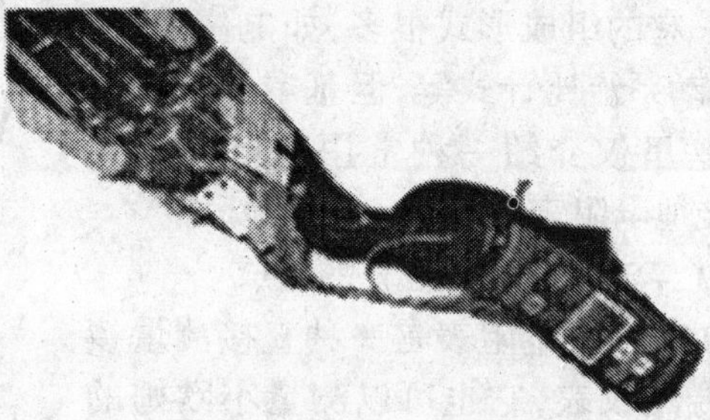

(b)

图1-6 钳形表

(a)钳形表的外型;(b)钳形表的使用

(一)电流表的型号、规格及技术数据

表1-8 钳形电流技术数据

名称	型号	原理结构	准确度等级	量程
交直流两用	MG20	电磁式	5.0	100 A,200 A,300 A,400 A,500 A,600 A
钳形电流表	MG21	电磁式	5.0	750 A,1 000 A,1 500 A
交流钳形电流表	MG24	整流式	2.5	5 A,25 A,50 A (300 V,600 V);5 A,50 A,280 A (300 V,600 V)
袖珍钳形电流表	MG27	整流式	2.5、5.0	10 A,50 A,250 A,300 A,600 A,3 000 A
钳形多用表	MG28	整流式	5.0	交流 5 A,25 A,50 A,100 A,250 A,500 A 交流 50 V,250 V,500 V 直流 0.5 A,10 A,100 A 直流 50 V,250 V,500 V,1 kV,10 kV,100 kV

(二)钳形表的使用方法

(1)测量时应正确选择钳形表的挡位,切换时仍是从大挡向小挡,同时注意被测导线要置于钳形表卡口之外。

(2)测量前应将表针用小起子调到零位。

(3)不得用钳形表测量无绝缘的带电线路。

(4)测量时,钳口应闭合良好,不应有污垢。

(5)测量时,尽量远离强磁场,以减少磁场对电流表的影响。

六、接地电阻测试仪(表)

接地电阻表是一种用于测量各种电力系统、电气设备、避雷针等接地装置电阻值的仪表,它又称为接地电阻测量仪、接地摇表或接地兆欧表。它的组成形式很多,如电位计式、电桥式、电动系流比计式等,但基本原理都是一样的。这里仅介绍一种常用的电位计式ZC-8型接地电阻表,如图1-7所示。

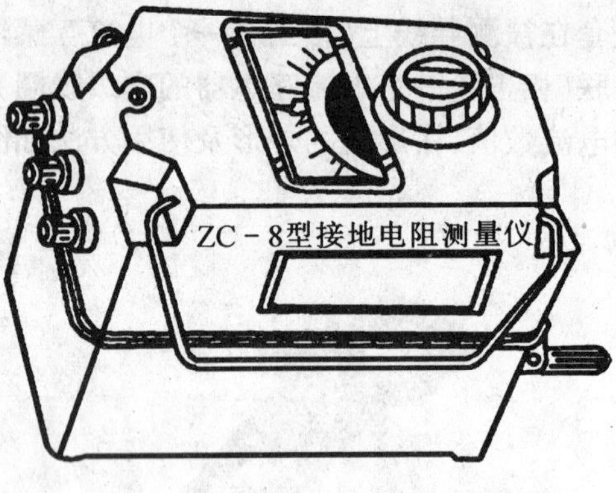

图1-7　接地电阻测试仪

(一)ZC-8型接地电阻表的组成

ZC-8型接地电阻表是一种直接测量接地电阻的专用仪表,它也可以测量小欧姆的电阻及土壤电阻率。其主要结构包括手摇发电机、电流互感器、调节电位器及检流计等。当发电机以约120 r/min的速度转动时,便可产生约110~115 Hz的交流电。

(二)主要技术数据

ZC-8型接地电阻表的基本技术参数如表1-9所示。

表1-9　ZC-8型接地电阻表的基本技术参数

技术参数		高量限	低量限
额定量限		0~10;0~100;0~1 000	0~1;0~10;0~100
发电机绕组匝数		Φ0.12 mm;3 800±30匝	Φ0.17 mm;2 400±20匝
发电机输出电压		约75 V左右	约80 V左右
互感器绕组	一次	Φ0.1 mm;5 000±25匝	Φ0.17 mm;1 500±10匝
	二次	Φ0.14 mm;2 000±10匝	Φ0.1 mm;6 000±30匝
调节电位器 R_s 电阻		Φ0.15 mm;490±10 Ω,非线性误差约0.3%	
附加电阻		R_1:Φ0.3 mm,4.2 Ω;R_2:Φ0.15 mm,46 Ω;R_3:Φ0.15 mm,2 500 Ω	
解调电压		约10 V	约16 V
解调电压线圈W		900±10匝	2×(400±5匝)
检流计可动线圈		Φ0.3 mm,600±10匝,直流电阻约580 Ω	
游丝力矩		0.15±0.02 mN·cm/90°	
表头灵敏度		25 μA	

(三)接地电阻表的使用方法

1.测量接线

图 1-8 所示为四端钮式接地电阻表,在测量接地电阻时,接地电阻表 E 端接 5 m 导线,P 端接 20 m 导线,C 端接 40 m 导线,导线另一端分别接被测量设备的地线(接地体)E_1、电位探棒 P_1 和电流探棒 C_1,且 E_1,P_2,C_1 应保持在同一直线上,其间距为 20 m。

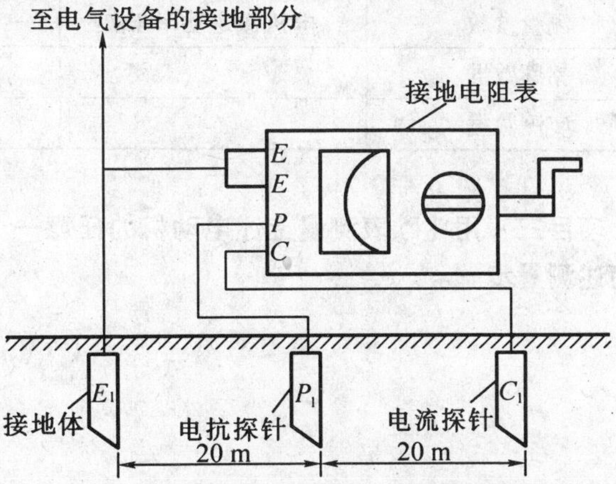

图 1-8　接地电阻表的测量接线图

2.测量方法

(1)接地电阻仪应水平放置,先调零,将倍率标度置于最大倍数。

(2)缓慢转动手摇发电机,同时旋转标度盘,使指示器的指针指在中心线上,同时,加快手摇发电机的转速,使其达到 120 r/min,重新调整标度盘,使指针指在中心线上。

(3)标度盘的读数小于1时,应将倍率标度置于较小倍数重新测量。

(4)当零指示器指针完全指在中心线上时,用此时标度盘读数乘以倍率标度即为所测电气设备的接地电阻。

第三部分　技能训练

项目一　分别用万用表和数字表测量被测对象的电压、电流及电阻值,并将测量结果填入表 1-11 中。

表 1-11　万用表和数字表测量结果

被测对象	直流电压/V	交流电压/V	直流电流/A	电阻/Ω
一节电池				
接触器				
某仪表				
电　机				

项目二　用钳形表测量一个三相异步电动机工作时的电流(电动机的功率可视现场条件而定),将结果填人表 1-12。

表 1－12　三相异步电动机测量参数

测量参数	电机额定功率/kW	线电流/A	线电压/V
铭牌数据			
实测数据			

项目三　用兆欧表测量上述电动机的任意一个接线端与电动机外壳之间的绝缘电阻，并简述测量步骤。

技能训练二　电路状态与一般故障检查方法

第一部分　教学要求

在船舶电气的线路中，经常发生各种故障，使设备不能正常运行，这时要求电气人员能够根据故障现象，分析故障原因，找出故障点，并加以排除，在尽可能短的时间内使设备恢复正常运行。因此，熟练地掌握常见故障的查除方法是电气人员的基本技能。

一、目的要求

1. 了解电路的各种工作状态及其特点。
2. 了解电气线路（设备）的常见故障。
3. 掌握电气线路（设备）的故障排除方法。

二、工具器材

1. 个人电工工具一套（万用表、试电笔、电工工具套、电工刀、起子、钢丝钳、活动扳手）。
2. 各种电线、保险盒、闸刀等。
3. 单相电表、用户保险、电灯头、开关、插座、熔丝等。

三、教学节奏与方式

序号	项　目	时间安排	教学内容
1	阅读教材	课余	自学、查资料
2	教师讲授	0.5 课时	①分析电路故障原因 ②查找电路故障的方法
3	学生实作	3.5 课时	用灯泡法查找电路故障

四、成绩评定

技能训练成绩：　　　　　　　教师签名：　　　　　　　时间：

第二部分　知识要点

一、电气设备的额定值

要使电气设备能正常工作，必须使电气设备在额定（条件）值下工作。电气设备常用的额定值有：

(1)额定电压　指在规定条件下，保证电气设备和电路正常工作的电压值，一般用 U_N 表示，单位为 V 或 kV。

(2)额定电流　指在规定条件下，保证电气设备和电路正常工作的电流值，一般用 I_N 表示，单位为 mA，A 或 kA。

(3)额定功率和额定容量　功率和容量的限额称为额定功率和额定容量，其大小表示输出功率和容量，单位分别为 W，kW 和 VA，kVA。

(4)额定频率　额定频率为交流电力系统的工作频率，系统中的所有电气设备需工作在这一频率之下，才能可靠运行。常用 f 表示，单位是 Hz。

(5)设备接线方式　设备接线方式则是指电气设备内部各元件之间及其与电源之间所规定的接线方式，如三相电源(绕组)的星形(Y)、三角形(△)连接。

(6)额定工作制　指电气设备的运行时间(连续、短时、间歇)方式，它能保证电气设备在此条件下运行所产生的温升将是安全的，电气设备主要有三种工作制，即长期工作制、短期工作制和断续周期(反复短时)工作制。

二、电路的工作状态

电路在工作时所接的负载不同，将处于不同的工作状态，分别具有不同的特点。电路主要有以下三种工作状态。

(一)开路状态

电路的开路状态如图 2－1 所示。

当某一部分电路对外连接端断开时，这部分电路的外接端没有电流通过，这部分电路所处的状态就称为开路。此时电源也工作在开路状态，也叫空载状态。电源空载时不输出功率($P = U \times I = 0$)，电源的端电压叫做开路电压(空载电压)，它等于电源的电动势，即 $V_0 = E$。

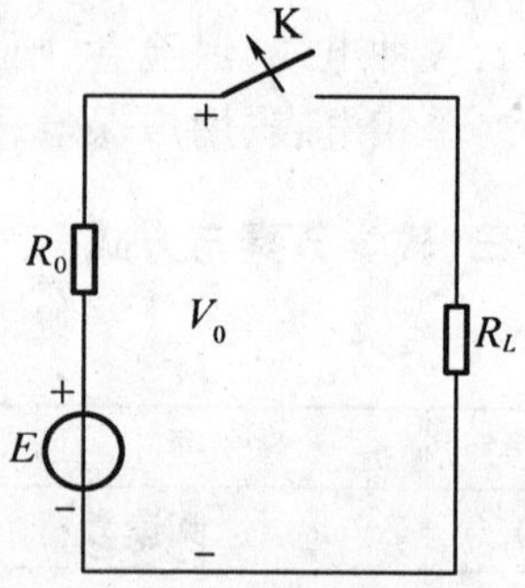

图 2－1　电路的开路状态

(二)短路状态

电路的短路状态如图 2－2 所示。

当用导线(电阻为零)将某一部分电路的两个不同电位点直接连接起来时，称这部分电路短路(或短接)。短路时，短路部分电路的电压为零。电源短路时，电流(短路电流) $I_K = U_S / R_0$，比正常工作电流大得多，而电源内阻 R_0 都很小，因此很易烧坏电源，引起事故。

(三)负载状态

电路的负载状态如图 2－3 所示。

当电源接负载时，电路中有电流流过，此时的工作状态为负(有)载状态，电路中的电流 $I = U_S / (R_0 + R_L)$。

若电路中的电流等于电源或供电线路的额定电流时叫满载或额定状态；当电路中的电流大于额定电流时，叫过载；当电路中的电流小于额定电流时，叫有载状态。为保证电路安全工作，一般在电路中需接入必要的过载保护装置。

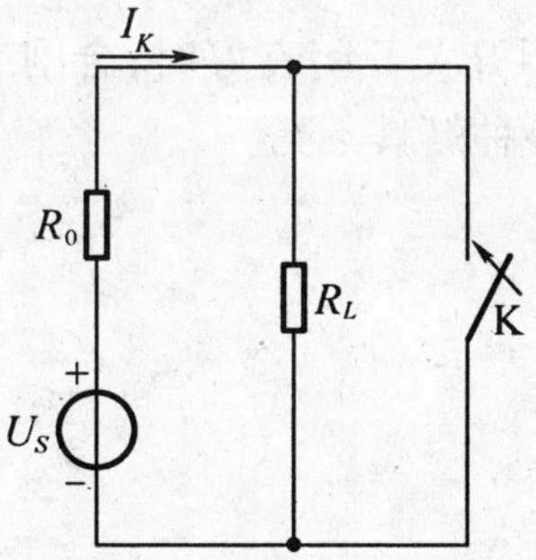

图2-2　电路的短路状态

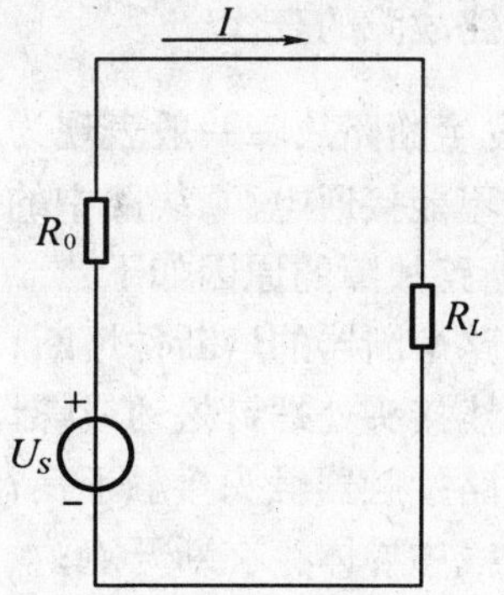

图2-3　电路负载状态

三、电气故障的分类及特点

(一)电气设备的构成

电气设备通常由电源(信号源)、控制环节和负载构成,如图2-4所示。

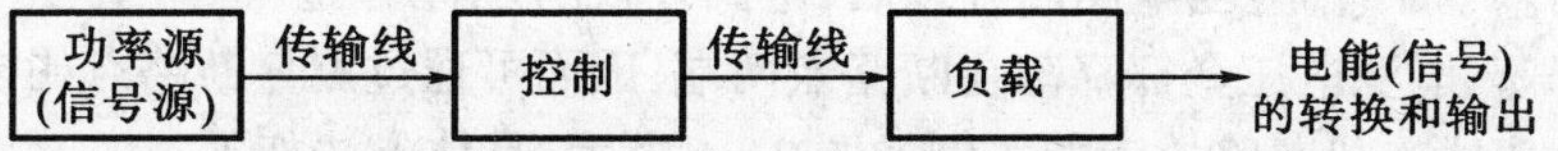

图2-4　电气设备的构成

(二)电气故障的分类

电气故障的分类如图2-5所示。

电气线路中,不论是主回路还是二次控制回路所发生的故障可归结为短路、断路和接地三种情况。

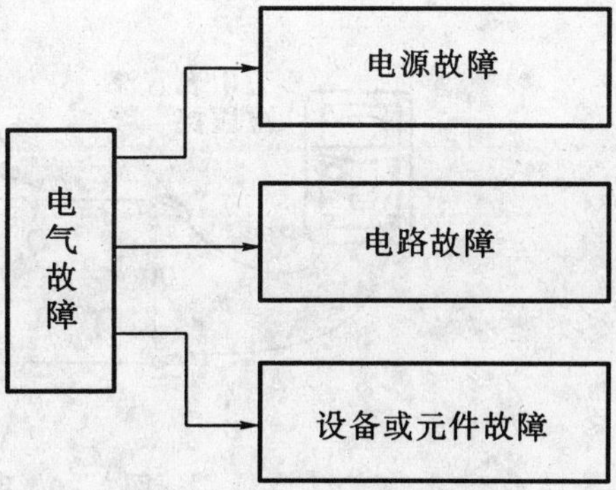

图2-5　电气故障的分类

(三)电气故障的特点

与其他(机械设备)故障相比,电气故障具有以下特点:电的不可见性,即不能直接感觉到;电的传播速度快;故障形式集中,原因多样;故障区域性广。

因具有上述特点,因此查找电气故障时会有一定困难。

(四)查找故障的一般方法

(1)观察和调查故障现象。故障现象是查找电气故障的基本依据,是查找故障的起点。

(2)分析故障原因。根据故障现象分析故障原因,是查找故障的关键。

(3)确定故障的部位。确定故障部位是查找电气故障的最终目的。

仪器仪表检测,一般可通过直接感知、类比法和试探法来发现和确定故障部位。维修者结合实践经验的积累,也可以总结出适合于自己的查找电气故障的方法。

四、断路故障的查找

电路发生断路故障一般表现为，当电源电压正常，电源开关开闭良好时，合闸或按下通电按钮后，不能接通电源，线路中的电器、电机等不动作，各种灯具不亮。

发生断路故障的原因如下：

(1)线路熔断器的熔断件熔断；

(2)导线接头处螺钉松动或螺母脱落；

(3)线路接触器触头接触不良；

(4)导线中导体存在断开点；

(5)某些转换开关损坏或接触不良；

(6)线路被外来物砸断；

(7)有些线路中的保护电器的触点接触不良或该电器动作后未复位，使电路成为断路；

(8)设备本身有断路故障，如电机绕组、电器线圈的导线有断路，某些灯具的灯丝烧断或镇流器线圈断路等等。

"断路"故障常用的查找方法有电压法、电位法和电阻法等。

(一)电压法

电压法的基本原理是：当电路断开以后，电路中没有电流通过，电路中各种降压元件已不再有电压降落，电源电压全部降落在断路点两端，因而可通过测量断路点的电压判断出断路故障点。电压法查找断路故障的实例如图 2－6 所示，具体方法如下。

若断点在 D 处，按图接好万用表（万用表置于直流挡 250 V）。红表笔不动，顺序移动黑表笔（电表指示为 100 V）。当表笔从⑥点移到⑦点时，表针指示变为 0，则断路故障可确定在点⑥～⑦之间（多为压接螺丝松动所致）。

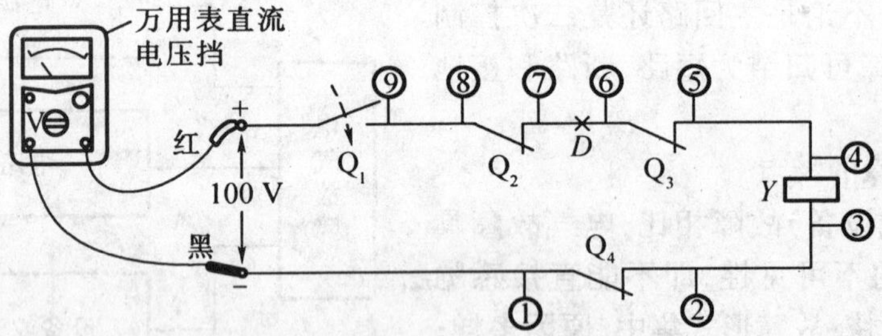

图 2－6　电压法查找电路故障

(二)电位法

电位法的基本原理是：断路点两端电位不等，断路点一端与电源一端电位相同，断路点另一端与电源另一电位相同，因而可通过测量电路中各电位判断断路点。电位法查找电路故障实例如图 2－7 所示，具体方法如下。

试电笔实际上是一种显示带电体高电位（带电体对地电位）的工具，因此可通过试电笔测量（显示）电路中各点的电位检测断路故障。按图用试电笔检测控制回路各点电位时，将 Q_1 闭合（或人为接通），测试点①～⑤均为高电位（试电笔发亮）。若试电笔移至点⑥时，试电笔不亮，则可判断点⑥处接触不良或有断点。

注意在电源为单相电压或中性点接地的条件下，试电笔法才有效。若电源为线电压或中性点不接地的条件下，还是要用电压表才能找到故障点，其道理显而易见。

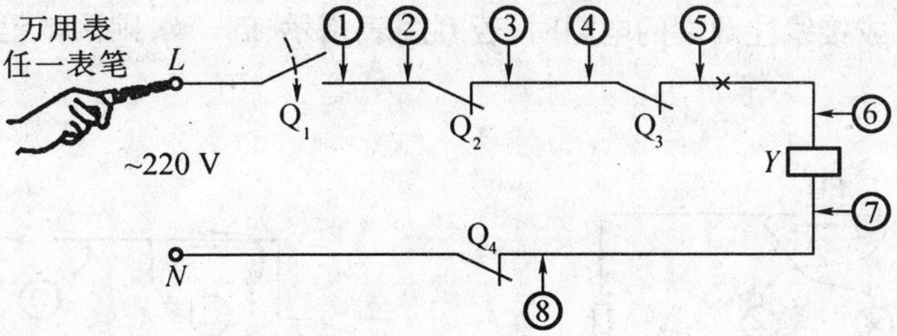

图2-7　电位法查找电路故障

(三)电阻法

电阻法的基本原理是：电路出现断路故障以后，断路点两端电阻为无穷大，而其他各段的电阻近似为零，负载两端的电阻则为一定值。因此，可以通过测量电路各线段电阻值来查找断路点。检测电阻值一般采用万用表欧姆(Ω)挡，具体方法如下。

电路如图2-7所示，断开电源。将万用表置于 $R\times10\ \Omega$ 或 $R\times1\ \Omega$ 挡，其中一支表笔接电路中 L 点，另一表笔依次测量①~⑧点(人为接通 Q_1)。当从点⑤向点⑥移动表笔时，发现表盘指示电阻为∞，则断路点应在点⑤或点⑥处接触点之间，这时可检查线圈或触头螺丝是否松动，最终排除故障。

(四)带电检查线路断路故障

带电检查断电故障可用万用表的电压挡，但其量程应不低于电源电压，另外也可以用校验灯检查。

检查前应确认电源电压正常，电源开关没有断路或接触不良的现象。把电源开关闭合，测量电压正常后，即可进行检查。

由于线路断路，电路中没有电流，电路中所连接的电阻、电器线圈或电机绕组等都没有电压降，断路点两端的电压应等于电源电压。因此，电压表在线路中各元件或接线两端测量时，若指示值为电源电压的数值，则表明两试笔之间的线路或元件有断路，如图2-8所示。

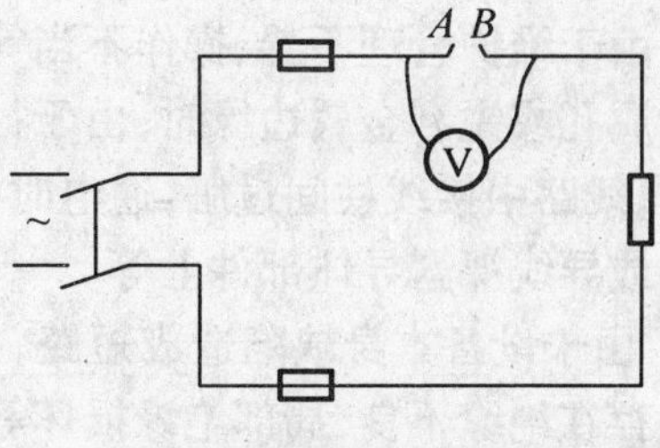

图2-8　带电检查断路点

有些控制线路中，由于各电器间连锁关系复杂，当接通电源时，有些电器因断路不动作，为了缩小检查范围，可以在带电和不损坏设备或危及人身安全的前提下，人为地推动某电器的衔铁，查看断路点是否在电器的触点中。

船上检查熔断器断路常用交叉法，这时可用校验灯检查，如图2-9所示。当校验灯与电源构成闭合回路时，校验灯亮。这样可根据校验灯与熔断器两端交叉接触时灯的亮灭，找出断点。如图2-9所示，两灯左右交叉接触，若左亮右灭时，下FU为断路，若左灭右亮时，上FU为断路，按此原理可以检查其他断点。

(五)不带电检查断路故障

不带电检查断路故障,其实质是上述的“电阻法”。用万用表的电阻挡按回路依次进行检查,检查时万用表应选用较大的量程。由于断路处的电阻为无限大,当万用表两表笔沿着线路依次测量元件或接线柱两端的电阻时,若万用表指示 $R=\infty$,则两试笔间必有断路,如图 2-10 所示。

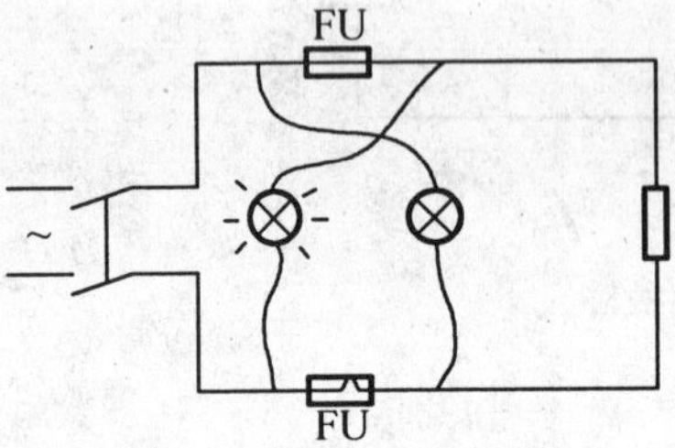

图 2-9 用校验灯检查断点

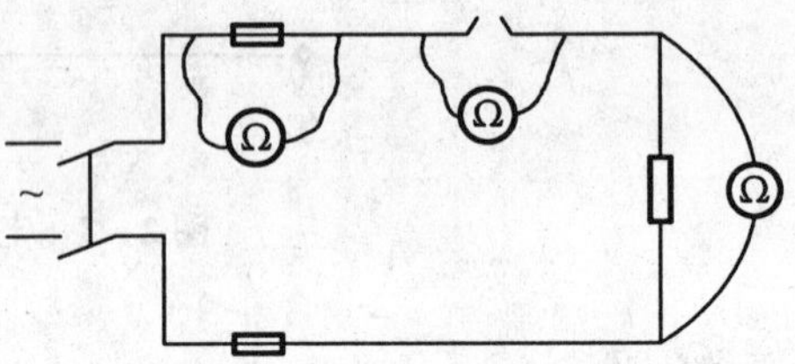

图 2-10 不带电检查断点

(六)断路故障检查注意事项

(1)被检查的电路或电路中的元件不能有并联通路,否则,断点处测不到 $R=\infty$,即应将元件的一个端头脱离电路,进行测量。

(2)被测电路中有电器的触点时,必须人为地推动衔铁使其闭合,以免测量错误。

(3)万用表的量程应置于 $R\times 1\ \text{k}\Omega$ 或 $R\times 10\ \text{k}\Omega$ 挡上,以避免由于某些元件电阻很大,判断不准确。使用万用表时,不能两手同时触及两试笔的金属部分,以免影响测量精度。

五、短路故障的查找

短路故障的现象比较明显,常常表现为短路点流过电流很大,熔断器烧断或保护电器自动动作,有关监视仪表指示失常,系统报警。严重的短路故障会发生线路绝缘烧灼冒烟等现象。

(一)发生短路故障的主要原因

由于维护管理不善、操作不当等造成短路。如电气线路的绝缘浸水或严重受潮;电缆经过金属孔或锐利金属边缘时,由于衬垫破损而未及时更换,使绝缘破损;操作时碰坏绝缘保护层;线路中接线柱间过脏,通电时柱间放电;在运行中或维修时金属零件掉落到导线接线端头或导线裸露导体部件上等。

由于设备本身缺陷造成短路,如设备出厂前就存在绝缘不良,局部绝缘损坏等隐患,经长期运行之后发生短路;电机或电器线圈由于绕制不符合要求,绝缘薄弱,设备或线路绝缘老化,材料变质等。

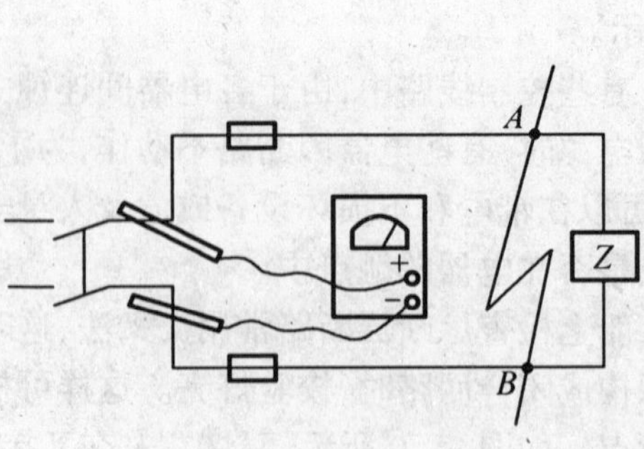

图 2-11 短路故障检查

检测线路有短路时,应首先切断电源,查出烧断的熔断器。检测时,用万用表的电阻挡测量电路两端点间的电阻,若阻值为零,即为短路,如图 2-11 所示。若被测电路为单回路,可沿着线路对所有接线柱,串联的电器线圈或其他元件逐个检查。

(二)短路故障的特点

(1)短路点(即短路点两端)的电阻(阻抗)为零,或接近于零。

(2)短路电流具有很大的破坏性,一旦发生了短路,一般不能再直接通电检查。这与断路故障是不同的。

(3)短路故障发生后,电路的保护元件(如熔断器、断路器等)动作,而保护元件可能控制多个回路组成的区域,因而查找电气故障,必须先从故障区域找出故障回路,然后再在故障回路中找到短路故障点。

(三)短路故障回路的查找方法

1.万用表法

万用表法是指在电路断电以后,用万用表欧姆挡测定短路回路电阻的方法,如图 2-12 所示。

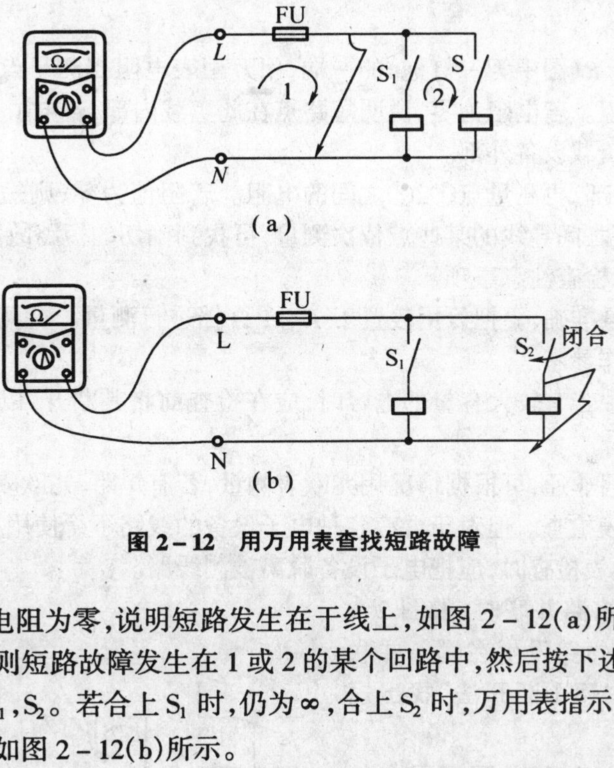

图 2-12 用万用表查找短路故障

若万用表指示电阻为零,说明短路发生在干线上,如图 2-12(a)所示。若万用表指示电阻为无穷或很大,则短路故障发生在 1 或 2 的某个回路中,然后按下述步骤继续查找。

依次合上开关 S_1,S_2。若合上 S_1 时,仍为∞,合上 S_2 时,万用表指示电阻为零,则说明故障点在第 2 回路中,如图 2-12(b)所示。

2.灯泡法

灯泡法是根据短路点电阻为零,接入灯泡、加上电压后,灯泡必然发光的原理进行查找故障的一种简易方法,特别适用于 220 V 照明电路。下面以图 2-13 所示的照明供电系统为例来介绍具体步骤。

如图 2-13 所示,假定 Q_1 支路短路(见图中虚线),若切除熔丝 FU_1,在熔断器座 FU_1 两端并接一个灯泡 L,通电后,若灯明亮,说明短路故障发生在 L_1 相;若切除熔丝 FU_4,接好熔丝 FU_1,在 FU_4 座两端并接一个灯泡,若灯明亮,说明短路故障在 FU_4 控制的支路;其余类推。

(四)短路故障点的查找方法

查找到了短路故障回路,还要继续确定故障点的具体位置。短路故障点必然是回路中降压元件(如灯泡、电压型线圈、电机绕组、电阻等负载)的两端或内部。用万用表查找故障的短路点的方法如图 2-14 所示,步骤如下。

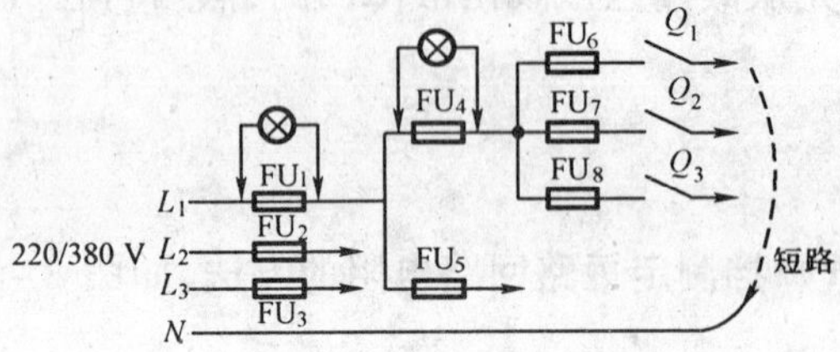

图 2-13 灯泡法查找短路故障

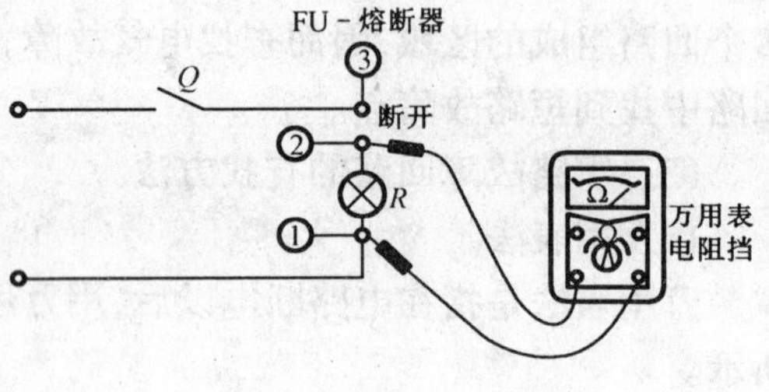

图 2-14 查找短路故障点

断开降压元件 R(图中为一灯泡)的一端,用万用表电阻挡测量点①、②之间(即降压元件两端之间)的电阻。若电阻为零,说明短路点在此负载内部,若电阻为某一值,说明负载内部完好,短路点在负载设备外部。

若短路点在外部,再测量点①、③之间的电阻。若阻值为零,则短路故障在点③至点①之间。断开这些点之间导线的某些点依次测量,可找到确切的短路故障点。

(五)短路故障检查注意事项

(1)为了使测量准确,要把万用表置于 $R\times1\ \Omega$ 挡进行测量。检测前后分析了解被测线路的正常阻值,以作参考。

(2)被测线路中若有较大容量的电容时,应在检查前将其断开,以免将电容充电误认为是短路。

(3)若电路似通非通,可根据情况用兆欧表测量,若有短路,兆欧表指示为零。为进一步确认,可再用万用表检查。但对于含有各种电子设备的线路不得使用兆欧表检查,以免损坏元件。要使用兆欧表检查时,应把电子设备脱离被测线路。

(4)若线路为多路并联时,如图 2-15 所示,必须检查短路发生在哪条并联线路中,这时可用“逐个断开法”找出短路的支路。

断开线路的电源开关,用万用表的 $R\times1\ \Omega$ 电阻挡测量 AB 两端间的电阻,由于有短路,这时万用表指示电阻为零。然后把各支路的分断开关或接线柱 K_1,K_2,…一个个依次断开。当断开某线路时,万用表指示电阻值增大较显著,则说明刚才断开的线路中有短路故障。这时再单独检测该线路,查出故障点。若有两个并联线路同时有短路故障,断开第一个有短路故障的支路并不会使万用表的指示电阻值有明显改观,因为第二条支路短路点仍然存在。因此可知,发现一个短路点并不是短路故障检查的结束,而必须再把已查明有短路故障以外的所有支路接通,重复上述做法进行检查。如果万用表指示仍为零,表明还有支路有短路,当某个并联线路断开时,万用表指示阻值突然增大,这说明找到第

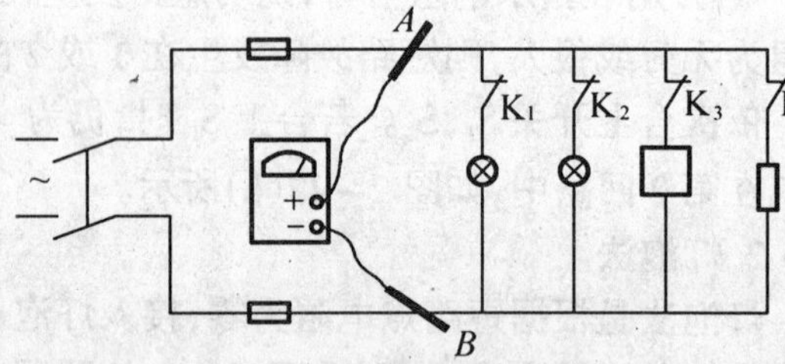

图 2-15 并联线路短路检查

二个短路线路了。用这样的方法可以逐个地把全部短路点找出来。当然,如果有怀疑多支路短路,在检测方便的情况下,可以在断开支路同时测该支路的电阻,若为零,说明该支路也存在短路故障点,就没有必要像上述过程重复检测。

有时会发现线路的自动开关跳开或熔断器烧断,但是检查时未发现该线路有短路故障,重新通电后,线路仍正常运行。出现这种情况可能有两种原因:其一,线路中的短路是非连续短路故障,即短路处是由于油垢或污物堆积而形成放电,当通过大电流时,污物被烧掉,或者有导电物体掉落在用电设备裸露的部分上而引起短路,然后自行脱落,使故障不能持续;所以合上开关或更换熔断件后,线路又正常运行;其二,熔断器的熔件使用时间较长后,由于电源的浪涌电流作用而烧断,因此,在熔断件烧断时,若对设备进行表面检查,没有发现烧焦、异味的情况下,可以换上一个同型号同容量的熔件,看看是否仍然烧断,如果线路正常,说明并无持续短路故障,否则,再仔细检查线路短路故障的部位。

六、接地故障的检查

在三相三线制的船舶电网中,电气线路中一点接地时,电气设备尚可正常运行,若再有另一点接地,就形成多点接地间接短路故障。所以发生一点接地后,应及时排除故障,以提高线路运行的可靠性。

通过配电板上的绝缘监视仪或地气灯,可以很容易找到发生接地的线路。然后使该线路脱离电源,再用“逐段缩小法”找出接地点,如图2-16所示。把线路分成两部分,用兆欧表测出接地线路,再把接地线路分成两部分,找出接地部分线路。依此类推,即可找出接地故障点。

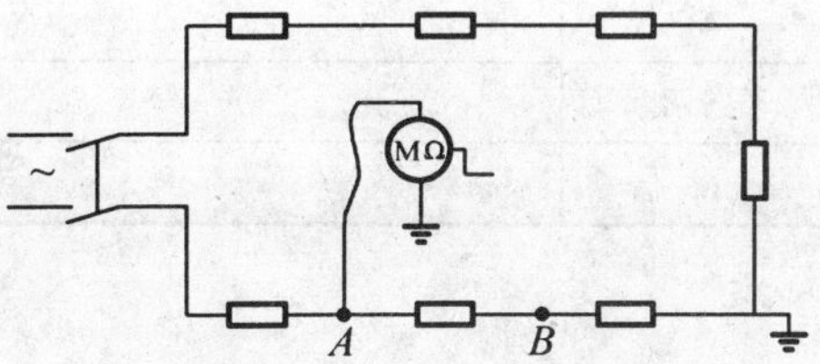

图2-16 接地检查

也可以直接用配电板上的地气灯来检查寻找故障点。依次断开各线路中的各设备开关或各灯具开关,若地气灯亮度恢复正常,则表明刚刚断开的设备有接地故障。

第三部分 技能训练

项目一 查找电路中的断路故障

参照图2-17,练习用灯泡法查找断路故障。若故障点在 B 点,简述检测步骤。

提示:用一根绝缘良好的导线,或单极开关、试验按钮,把所怀疑的开路点短接。如短接过程中控制电路被接通,说明被短接的触点即为开路故障点。在查找故障点时,将电源负极接线不动,另一根线逐步从点①移到点⑧。当灯泡不亮时,说明断路点即为某电器的一个接线点,故障原因可能是接线点有松动或断开。

项目二 查找电路中的接触不良故障

参照查找断路故障的方法查找给定电路中的接触不良故障。简述电气接触不良的常见原因及可能引起的常见电路故障,并将结果填入表2-1。

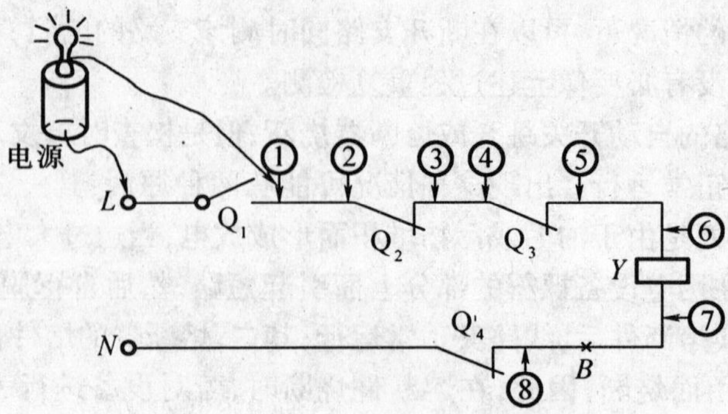

图 2-17　灯泡法查找电路断路故障

表 2-1　电气接触不良的原因及引起的故障

序号	电气接触不良的原因	序号	引起的电路故障
1	电接触材料改变	1	导致电路不通
2	电接触形式改变	2	电接触点严重发热
3		3	
4		4	
5		5	
6		6	

技能训练三　船舶发电机的安装与维护

目前,船舶电站的交流电源几乎无一例外的采用同步发电机。船舶同步发电机有其自身的结构特征,因此,了解船舶同步发电机的相关知识,掌握安装调试和使用维护技能十分重要。

第一部分　教学要求

一、目的要求

1.了解船舶发电机的结构和铭牌数据的意义。
2.掌握船舶发电机的使用方法。
3.掌握排除发电机常见故障的方法。

二、工具器材

1.个人电工工具一套(试电笔、工具套、电工刀、起子、钢丝钳、活动扳手)。
2.万用电表。
3.发电机。

三、教学节奏与方式

序号	项　目	时间安排	教学内容
1	阅读教材	课余	自学、查资料
2	教师讲授	0.5 课时	①发电机的维护; ②铭牌识别; ③故障排除
3	学生实作	5.5 课时	①查找交流同步发电机不能建压的原因; ②排除故障

四、成绩评定

技能训练成绩:　　　　　　　　教师签名:　　　　　　　　时间:

第二部分　知识要点

一、三相同步发电机的结构

同步发电机是由定子和转子两大部分组成的。定子铁芯、转子铁芯和定、转子间的气隙构成同步电机的磁路。

(一)定子构造

定子为电枢的同步电机,其定子构造和异步电机的基本相同。定子铁芯是由硅钢片叠成。定子铁芯槽内嵌放的三相对称绕组也是依次相差120°空间电角度或120°/相空间机械角度。三相绕组又称电枢绕组,三相绕组是同步电机的交流电路部分。

三相绕组有Y形或△形两种连接方式,但作为电力发电机基本上都采用Y连接。采用△连接的多为小型同步电机,因为三相各绕组中有彼此同相位的三次谐波电势。若采用△连接,则在三角形闭合回路中有三倍的三次谐波电势产生短路性环流,使绕组增加额外的温升。而采用Y连接,在线电压中三个同相位的三次谐波相电势被彼此抵消,不会有三次谐波电流,因此线电压更接近于正弦波。

(二)转子构造

旋转磁极式同步电机转子是直流磁极,产生恒定的磁极主磁通。转子磁极有两种结构形式,即隐极式和凸极式或称显极式,如图3-1所示。

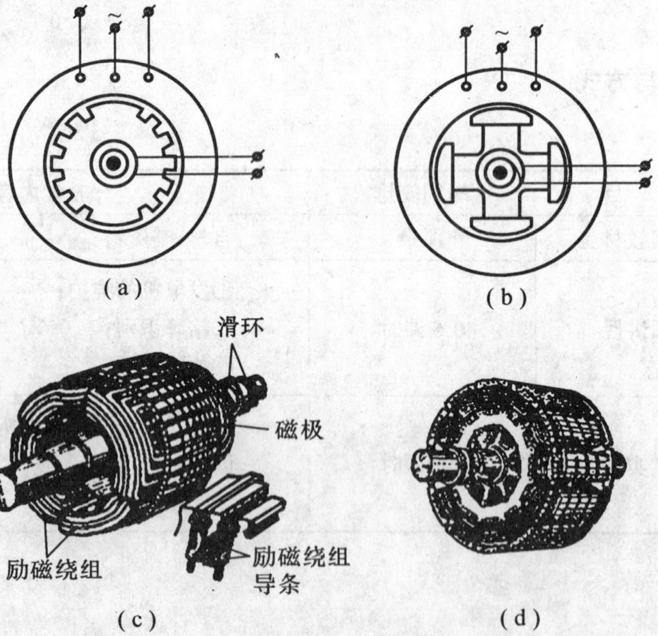

图3-1 隐极式和凸极式同步发电机

(a)隐极式同步发电机;(b)凸极式同步发电机;(c)隐极式转子;(d)凸极式转子

隐极式转子铁芯是由导磁性能好的合金钢锻成的圆柱形整体(或组合体),或是将隐式磁极及其磁轭整片冲出，然后叠装在轴上。隐极转子同步电机的气隙是均匀的，为使沿N,S极的圆周气隙中磁密分布接近于正弦规律，每一磁极的励磁线圈以分布式嵌放在转子圆周铁芯槽内，如图3-1(c)。隐极式转子能承受较大的离心力，适用于较高转速(3 000 r/min或1 500r/min)的发电机组，如汽轮发电机和一些柴油发电机。

凸极转子有凸出的磁极，如图3-1(d)，磁极是由1~1.5 mm厚的钢板冲片叠成，也有的采用锻钢或铸钢的实心磁极。每个磁极都套有一个集中的励磁线圈，磁极固定在转子磁轭上。凸极转子同步电机的气隙是不均匀的，每一磁极顶面中心轴线处的气隙和磁阻最小，磁密最高，从磁极中心向两侧的气隙则逐渐增大，磁密逐渐减小。由于凸极离心力较大，所以宜用于中低速的水轮发电机和柴油发电机。船舶柴油发电机多采用凸极式的，但近年来隐极式船舶柴油发电机逐渐增多。

如图3-2所示，三相同步发电机的一般结构由定子(包括定子铁芯、绕组、机座和接线盒等)、转子(包括转子铁芯、励磁绕组、转轴、滑环和风叶等)、端盖(包括前、后端盖、轴承、轴承盖和电刷装置等)和励磁装置(励磁形式很多，结构也有很大的不同)构成。

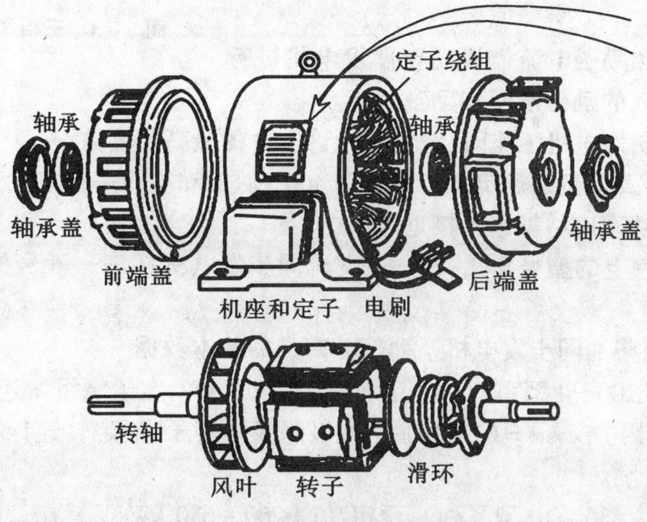

图3-2　三相同步发电机的结构图

各磁极励磁线圈连接后构成同步电机的直流电路，各励磁线圈之间的连接应使得所产生的磁极极性N,S相同。为从外部将直流励磁电流引入旋转的励磁线圈中，须将励磁绕组的两个出线端分别接到固定在转轴上的两个滑环上，两个滑环彼此绝缘并对轴绝缘，通过固定的电刷装置与滑环的滑动接触将直流电流引入励磁绕组中。

有些磁极铁芯顶面圆周槽内还嵌放短路的鼠笼条，称为阻尼绕组。阻尼绕组对暂态过程中可能引起的转子振荡起阻尼作用，有增强同步发电机并联运行的稳定性、抑制柴油机谐波转矩和加大自整步力矩等的作用，同时它也能提高发电机承担不对称负载的能力，对于同步电动机阻尼绕组也是异步启动的“启动绕组”。

二、三相同步发电机的铭牌

(一)铭牌标注内容及含义

三相同步发电机的铭牌上一般有以下几项数据，它们在选配和操作管理时都很重要，如图 3－3 所示。

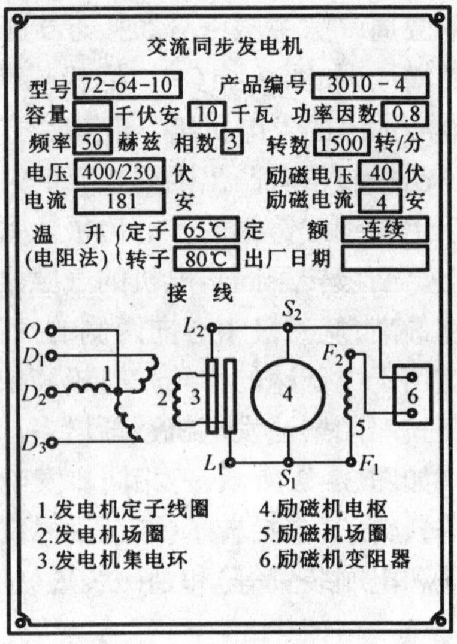

图 3－3 三相同步发电机的铭牌

(1)容量 说明发电机的功率大小，单位为千瓦(kW)。

(2)频率 说明发电机发出的三相交流电的工作频率，单位用“赫兹”(Hz)。

(3)电压 说明发电机发出的工作电压，单位用“伏”或“千伏”(V，kV)。

(4)电流 说明发电机可输出的最大电流，单位用“安”(A)。

(5)转数 说明发电机需要的拖动转速，单位用“转/分”(r/min)。

(6)励磁电压和励磁电流 说明要使发电机进行正常发电，必须通入的励磁电压和励磁电流。

(7)温升 说明发电机工作时，绕组可允许上升的最高温度数。

船舶三相同步发电机的额定电压一般为 400 V。原动机功率应略大于发电机功率，如果选配困难时，两机功率应尽量选得接近。

图 3－3 中铭牌上的型号含义：72——交流同步发电机；64——6 号机座，4 极；10——功率为 10 kW。

(二)国产船用柴油同步发电机系列部分产品的基本数据

(1)T2H－24～200—4 型系列 额定功率 24～200 kW，定子绕组 Y 连接，额定线电压 400 V 50 Hz，额定功率因数 $\cos\varphi=0.8$(滞后)，4 极隐极式转子，额定转速1 500 r/min，防滴式，B 级绝缘，自扇冷，自励。

(2)TFH－200～630－10 型系列 额定功率 200～630 kW，Y 接法，线电压 400 V 50 Hz，$\cos\varphi=0.8$(滞后)，10 极凸极转子，额定转速 600 r/min，防滴式，B 级绝缘，自扇冷，自励。

(3)1HC5 系列 额定容量 250～1 400 kVA，Y 连接，线电压 400 V 50 Hz，8 极隐极转子，额定转速 750 r/min，转子圆周上均匀分布阻尼绕组，有同轴转枢式交流励磁机及旋转整流器，是无刷同步发电机。采用 F 级绝缘，离心式风扇自冷，设计标准环境温度为 40 ℃。自动励磁调节装置放在发电机顶部“背包”内。

注意，同步发电机的铭牌额定容量有的标注额定视在功率，有的标注额定功率因数下的有功功率，额定电压和电流若无特别的声明均指线电压和线电流。

三、励磁形式及整流励磁装置

按同步发电机励磁电源的不同分为两种基本类型，即自励的和他励的。

凡以发电机本身的电枢绕组(或辅助绕组)为励磁电源的为自励的。这种励磁系统是将发电机产生的交流电，经二极管整流变成直流后引入励磁绕组。图 3－4 是一种自励方式的单线原理图，自励发电机通常是靠磁极的剩磁进行初始起励建压的。

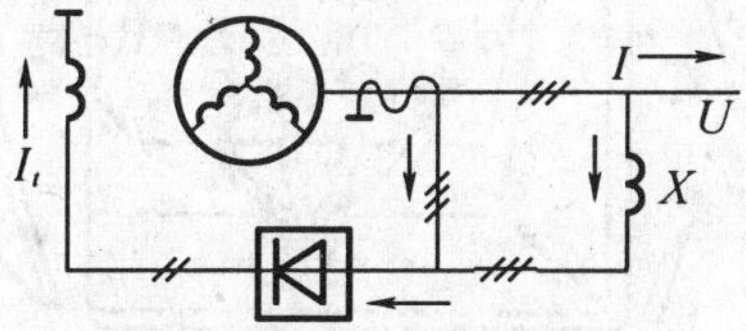

图 3-4　自励同步发电机

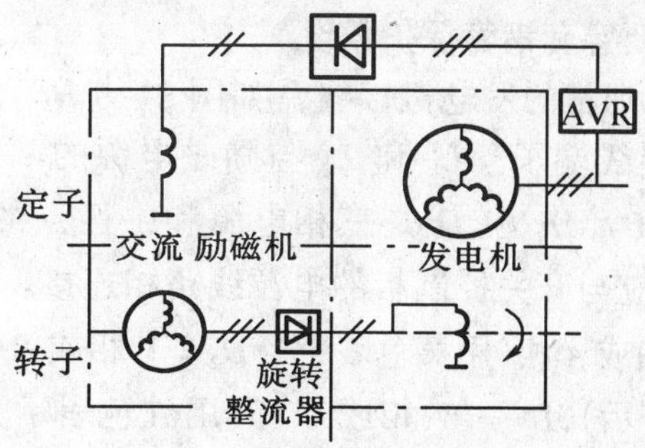

图 3-5　无刷同步发电机

凡设有专用励磁电源的称为他励的。这种专用励磁电源通常是与发电机同轴的一个小容量的直流或交流的励磁(发电)机。直流励磁机在船上几乎不再采用,大多采用转枢式小型同步发电机为励磁机。这种励磁机的旋转电枢发出三相交流电,通过与之同轴旋转的二极管整流器变成直流后直接引入到发电机转子励磁绕组中。由于它省去了滑环电刷机构,故称为无刷同步发电机。发电机与励磁机之间的相互励磁关系如图 3-5 所示,由于没有电刷机构,从而提高了运行的可靠性,并减轻了维修的负担。

整流励磁装置通常由半导体整流部分和变阻器等组成,其中半导体整流部分由晶闸管组件、硅整流器、过电流继电器和触发器等组成,如图 3-6 所示。

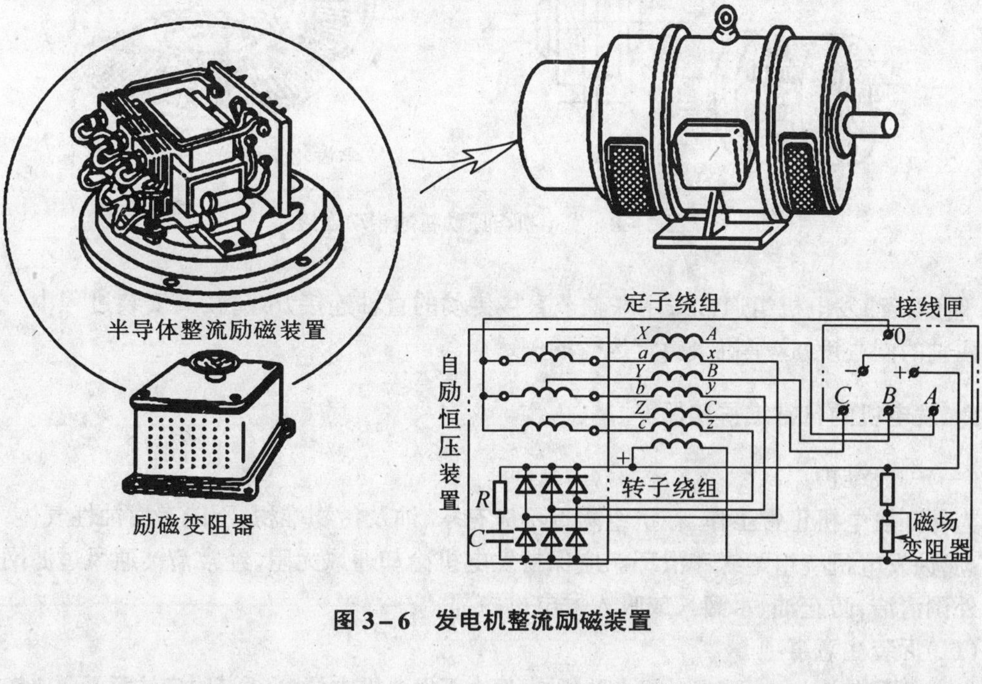

图 3-6　发电机整流励磁装置

四、发电机的安装和接线

船舶同步发电机一般安装在发电机基座上。其基座面积应略大于发电机的底面积,并略高于所在平面(不小于 120 mm),基座上应设有 4 个预置固定的底脚螺栓,供安装发电机与船体固定所用。发电机通往主开关控制板的电缆，要穿套钢管保护敷设。

通常的发电机接线盒如图3－7所示，内有6个接线端子。L_1 和 L_2 与励磁电源的两线相接；D_1，D_2，D_3 和 O 是三相电源和中性点的输出端子，应与开关控制板的电源线路相连接。而 D_1 = U 相或 A 相（用黄色表示），D_2 = V 相或 B 相（用绿色表示），D_3 = W 相或 C 相（用红色表示），O = N 中性点（用黑色表示）。这里对应的符号和颜色标记是统一的，不可记错，因为接错相线的次序将会导致事故。还应特别注意：对于中性点不接地的三相绝缘系统，其中性点 O 一定要专门做好对地的绝缘处理，以免造成电力系统故障。

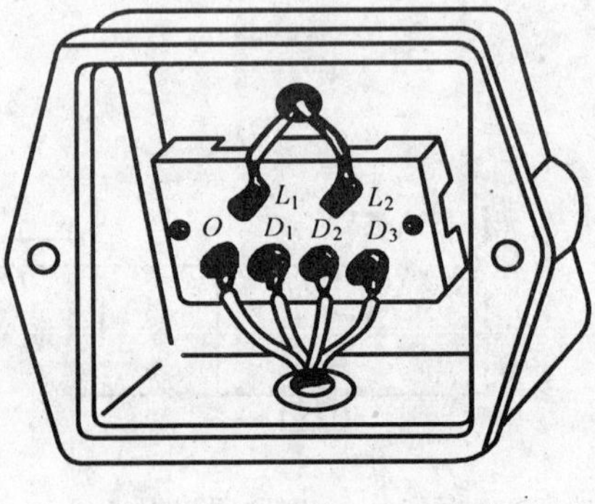

图3－7　发电机接线盒

五、发电机与原动机的传动装置

相同型式（卧式和卧式）、相同转速和相同转向的发电机和原动机之间，可采用弹性联轴节直接传动。不同型式（如卧式和立式）、不同转速（或相同转速）和不同转向的发电机和原动机之间，可采用伞齿轮传动，如图3－8所示。

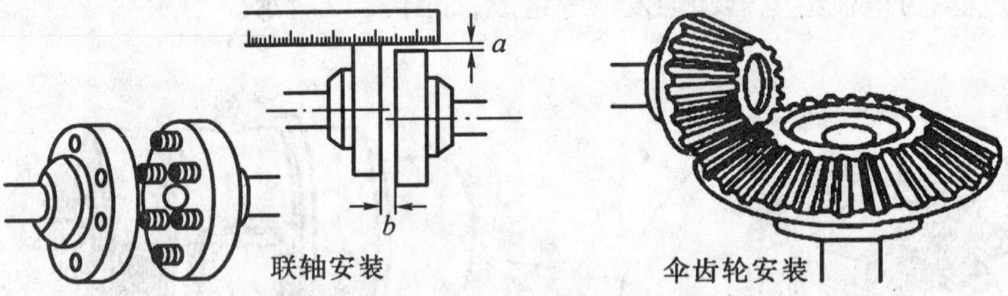

图3－8　发电机与原动机的传动连接

船舶柴油发电机组通常采用联轴节直接传动的直轴连接方式，在其安装过程中一定要保证两轴的同心度，这是机组稳定运行的关键。

六、发电机的日常维护和保养

（一）一般维护

为保证发电机正常工作，在机组附近不应有水、油及污物堆积，不能有腐蚀性气体，以免损伤、腐蚀发电机绕组绝缘和滑环。应保持发电机冷却通风无阻，经常清洁通风过滤网。发电机外围清洁，防止油、水滴入或吸入发电机内部。

（二）拆装注意事项

发电机拆装方法与异步电动机大致相同，但由于发电机质量大，拆装时应注意不要碰伤。

拆装端盖时，注意不要碰伤、损坏零部件。取出转子时，要在定、转子间垫以纸板，以防损伤铁芯和绕组，对于无刷电机应注意转子的不同外径。

在用钢索绑扎转子时，钢索不得碰到转子轴颈、风叶、转子线圈和旋转整流子，绑钢索处必须垫以木板或橡皮垫。

转子放置时，应放在硬木衬垫上，衬垫放在轴颈或转子的铁芯下面，不得垫在集电环下，以防集电环被压变形，并把集电环包扎保养好。

(三)发电机的烘干

凡是发电机因受潮而绝缘电阻低于规定值时，必须进行烘干，烘干方法参照电动机绕组烘干的一些方法。但需注意绕组的温度不得超过 80 ℃，加热应缓慢进行，烘干开始后，每隔 30 min 测量一次温度和绝缘电阻，当温度稳定后，每隔 1 ~ 2 h 测量一次，并作好记录。最后烘干完，当绕组冷却到 60 ℃时，用 500 V 兆欧表测量定、转子绕组的绝缘电阻，应不低于 0.5 MΩ。

(四)发电机轴承的维护与保养

应经常注意运行发电机轴承的温度和声音。当运行 2 000 h 后，需要换润滑脂一次，在启动长期停用的发电机前，必须检查其润滑状态，若原有润滑脂已脏或已经硬化变质，必须先将轴承用汽油清洗干净，换用清洁的润滑脂，填入量为轴承空间的 2/3，不可填入过多。

(五)集电环与电刷的维护

集电环的表面应保持光滑，并呈圆柱形。如果表面有铜绿及有灼痕时，应用 00 号细砂布研磨。研磨时，应把砂布装在直径与滑环相适应的弧形木瓦上进行，也可在运行中研磨。

如果表面严重灼伤或集电环变形，应进行光车，光车可在船舶进厂检修时进行。

为了使集电环磨损均匀，一年内必须更换其极性一次到两次。更换极性后，应对相应极性进行充磁。

应经常检查电刷磨损情况，若磨损过多，应更换新电刷，新电刷牌号必须与原来相同，在同一极性刷杆上的电刷应一起更换。新电刷应进行研磨，使其与集电环表面接触良好，在轻负载下(额定负载的 1/3 ~ 1/4)运行到其接触光滑为止。

(六)对于无刷发电机系统

应定期测量旋转整流子参数，各整流管的参数要一致。

例如，某轮的无刷同步发电机的维护要求，见表 3 - 1。

表 3 - 1　无刷同步发电机的维护

周　期	维　护　内　容
日常	1. 检查轴承：润滑油情况、油环、声音、振动和温度 2. 检查绝缘：电路是否存在接地 3. 检查负荷：电流、电压、输出功率
每月	1. 发电机绝缘电阻 2. 检查所有的螺栓、螺母是否紧固 3. 检查通风道，清洁风道和空气过滤器、过滤网或更换
半年	1. 更换润滑油和清洁轴承，同时检查轴承 2. 清洁发电机，用无油压缩空气清除灰尘，用干净抹布和清洁济清除油泥和盐结晶 3. 检查电气连接是否有松动 4. 检查调压器电路的各引线绝缘是否降低，所有端子连接点接触良好，并用低压干燥空气清除调压器元件上的灰尘

图 3-9　发电机维护和保养要点

七、发电机投入运行前的检查

对于新安装的发电机或经检修长期停用的发电机，投入运行前应进行检查，以保证发电机安全运行。

(1)仔细查看发电机内部，不得有杂物存在，防止落入螺钉、工具、抹布等异物。

(2)用大约两个大气压的干燥压缩空气或皮老虎清除发电机各部分的灰尘，为了避免损坏线圈，不得使用金属吹管。

(3)检查发电机轴承安装质量和润滑情况，检查转子是否灵活，发电机与原动机的连接是否对中。

(4)清洁集电环，检查电刷装置(对有刷发电机而言)。

(5)用 500 V 兆欧表测量绝缘电阻，其值应不小于 0.5 MΩ。

(6)如果发电机结构允许，可用塞尺测量气隙，其最大、最小气隙之差与平均气隙之比一般不超过 ±5%，低速发电机不应超过 ±10%。

(7)检查励磁接线是否正确，引线是否良好。

(8)检查各紧固件，有松动者应上紧。

(9)正式运转前应进行试车，使发电机空转，达到额定转速后再停机检查其转动方向、振动、轴承温度等情况。

八、船舶发电机运行中的监视

运行中的发电机，应根据配电板上仪表指示情况，对发电机不断进行监视，以便及时发现不正常现象，消除隐患，保证船舶的正常供电。

(一)发电机温升的监视

发电机运行时，由于铜耗、铁耗及机械损耗等原因会使其温度升高，发电机温度过高，加速绝缘老化，缩短发电机的使用寿命，甚至会引起发电机事故。所以，对运行中的发电机必须严格监视各部分温度，使其不超过最高允许温度。

对无限航区的船用发电机，环境温度规定为 50 ℃，但实际上由于季节、航区的变化，环境温度变化较大，应当经常检查，可用手摸感觉是否超过正常温度。

发电机单机发热试验前，在发电机的进、出风口及机舱内机组所在部位各悬挂温度计一只，测量并记录好冷态绝缘电阻后启动。先进行空载运行，记录空载时电压、频率等数据。让负荷逐渐加到 50% P_N，按规定停留半小时，然后再加到 100% P_N，$\cos\varphi = 0.8$。让机组连续运行 4 小时，每隔半小时记录一次温度，一般经过 4 小时运行后，可认为发电机温升趋于稳定，即进、出风口的温度差不再有显著变化(以每小时变化不超过 1 ℃为标准)，此时进行静态特性试验，并作特性曲线。

(二)发电机电压的监视

运行中的发电机电压应达到额定值，其允许变化不超过 ±2.5% U_N。调压多采用自励恒压系统，但是当多台电动机同时启动或大容量的电动机启动时，会引起电网电压波动，同时使发电机电流增大。因此，应当经常注意电压回复。

(三)发电机功率因数与频率的监视

船用交流同步发电机的额定功率因数大多数定为 0.8(滞后)，但实际工作时，负载的功率因数是变化的，特别是当并联运行多台发电机时，应保持各台发电机功率因数基本上一致，防止某台发电机功率因数过高，而另一台过低，影响电网系统的稳定运行。

交流发电机正常运行时，电网频率应在额定频率 ±1% f_N 内变化，防止变化范围太大，影响电动机、电器的正常工作。

(四)绝缘电阻的监视

发电机投入运行前必须测量定、转子绕组的绝缘电阻，对于无刷发电机应测量定子绕组绝缘，每月至少检测一次，若热态绝缘电阻值低于 0.5 MΩ 时，应查明原因采取措施，使绝缘电阻提高后方能投入运行。

(五)其他部分的监视与检查

对有刷发电机，必须监视滑环与电刷工作情况。如滑环表面、滑环间是否有电刷粉末和污垢聚集，刷架及刷握上是否有积炭刷灰，应经常吹拂清洁电刷、刷握、刷架及滑环等。检查机组转动情况，检查轴承声音和温度。

对无刷发电机，除了检查机组转动情况，发电机轴承声音和温度外。还须检查励磁机和旋转整流器，应保持其清洁、散热良好。

第三部分　技能训练

项目一　发电机铭牌上的技术参数

1.查找实训发电机铭牌上所载的技术参数，并记录在表 3-2 的数据栏中。

2.解释表 3-2 中技术参数的意思，并填写在含义栏中。

表 3-2 实训发电机的技术参数

参数名称	数 据	含 义
额定容量		
额定电压		
额定电流		
额定转数		
励磁方式		
励磁电压		
励磁电流		
绝缘等级		
冷却方式		
温 升		
防 护		
最大输出		

项目二 发电机的“日常”维护保养

参照表 3-1 的要求，对实训发电机作一次“日常”的维护保养。

1.编制发电机日维护保养记录卡。

2.填写维护记录。

项目三 发电机的“每月”维护保养

参照表 3-1 的要求，对实训发电机作一次“每月”的维护保养，并做好维护记录。

1.编制发电机月维护保养记录卡。

2.填写维护记录。

项目四 发电机的“半年”维护保养

参照表 3-1 的要求，对实训发电机作一次“半年”的维护保养，并做好维护记录。

1.编制发电机半年维护保养记录卡。

2.填写维护记录。

项目五 发电机的绝缘电阻测试

1.用 500 V 兆欧表测量发电机三相绕组对地的绝缘电阻、对外壳绝缘电阻和绕组间的绝缘电阻，并填写在表 3-3 中。

表3-3　发电机的绝缘测试

测试对象	对地绝缘电阻	对外壳绝缘电阻	对其他两相绝缘电阻	
A相绕组				
B相绕组				
C相绕组				

2.欲将发电机接入到中性点不接地的三相绝缘线制系统中,按图3-10要求对发电机三相绕组进行Y型接线,再测量中性点对地的绝缘电阻值。

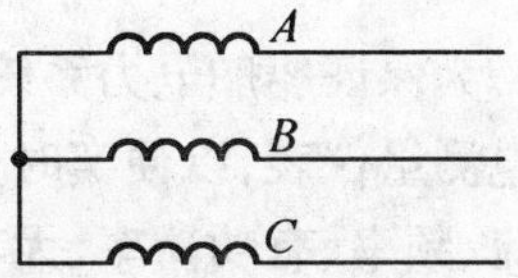

图3-10　发电机三相绕组Y型连接示意图

3.判别所测得数据是否满足要求(其值应不小于0.5 MΩ),否则查找原因。

4.讨论兆欧表是否可以在发电机带电状态下进行测量?

项目六　发电机的单机发热试验

1.在发电机的进、出风口及机舱内机组所在部位各悬挂温度计一只,测量并记录好冷态绝缘电阻后再启动。

2.先进行空载运行,记录空载时电压、频率等数据。

3.让负荷逐渐加到50% P_N,按规定停留半小时。然后再加到100% P_N, $\cos\varphi=0.8$。

4.让机组连续运行4小时,每隔半小时记录一次温度,一般经过4小时运行后,可认为发电机温升趋于稳定,并作特性曲线。

5.过电流试验,用50%过电流(可降低功率因数)运行2分钟(将主开关过流装置卡住)。

6.过负荷试验,用110%额定负荷运行片刻。

7.上述试验如无问题,发热试验即告结束。

8.停机,测量热态绝缘电阻,再用温度计法或电阻法测量发电机定子、转子、集流环和轴承的温度,并作记录。

技能训练四　船用盘装电气仪表

第一部分　教学要求

为保证船舶电力系统安全、可靠、优质和经济合理的运行，在配电装置上必须装设相应的电测量仪表，以便实时监视电力系统的运行状态。船舶电站要测量的电参数主要有电压、电流、频率、有功功率、无功功率、功率因数及同步表等。

一、目的要求

1. 掌握使用船用电站指示仪表的重要性和测量的基本参数。
2. 掌握船用电站指示仪表安装、接线、管理、保养方法。

二、工具器材

1. 个人电工工具一套(试电笔、电工刀、起子、钢丝钳、活动扳手)。
2. 万用电表。
3. 主要实验仪表及器材。

序号	器材名称	型号及规格	数量
1	电流表及互感器	5～100 A	1套/组
2	电压表及互感器	T15－V	1套/组
3	频率表45D1－Hz型	FY－50	1套/组
4	功率因数表	6L2－$\cos\varphi$型	1套/组
5	三相功率表	1D1－W型	1套/组
6	整步表	1T1－S型	1套/组

三、教学节奏与方式

序号	项　目	时间安排	教学内容
1	阅读教材	课余	自学、查资料
2	教师讲授	0.5课时	①仪用互感器的使用要求。 ②各仪表的原理及安装使用要求。
3	学生实作	3.5课时	仪表的安装接线和调试。

四、成绩评定

技能训练成绩：　　　　　　　　教师签名：　　　　　　　　时间：

第二部分　知识要点

一、仪表测量电路中的互感器和转换开关

(一)仪用互感器

配合仪表使用的变换器称为仪用互感器。用于变换电压比例的称为电压互感器，用于变换电流比例的称为电流互感器。它们的工作原理与变压器一样，它们之间的区别在于：

(1)一般变压器的电压调整率允许的范围较大，即负载在允许的范围内变化时，允许输出电压有一定的变化；

(2)电压互感器具有电势源的性质，内阻极小，当负载在允许的范围内变化时，输出电压几乎不变，且初、次级间的电压相位移极小；

(3)电流互感器具有电流源的性质，内阻极大，当负载在允许的范围内变化时，输出电流几乎不变，且初、次级间的电流位移极小。

因此，电压互感器工作时相当于空载变压器，次级不允许短路，电流互感器工作时相当于短路变压器，次级不允许开路。

(二)转换开关

交流主配电板上的测量电表比较多，接线又比较复杂，在一表多用的情况下，必须借助各种转换开关来分别选择测量对象。

交流系统所采用的转换开关大都是 LW92 型和 LW95 型二种。图 4－1(a)为一种万能转换开关的外形图。转换开关由触头系统、操作机构、转轴、手柄、齿轮啮合机构等部件组成，用螺栓组装成一体。

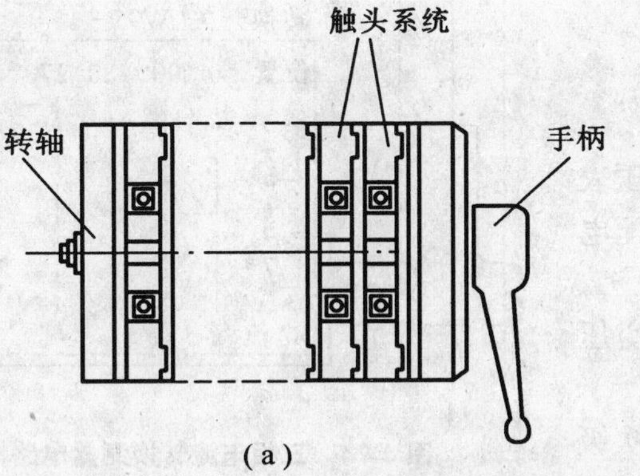

(a)

触头 \ 位置	LW95－F5626/2				
	90°	45°	0°	45°	90°
1—2				×	×
3—4	×	×	×	×	
5—6	×	×			
7—8		×	×	×	×

(b)

图 4－1　万能转换开关

(a)外形图；(b)开关位置图

根据不同的使用要求，其触头系统可以从 1 挡增至 16 挡，每挡内有两对触头，每对触头的通断规律取决于各相应凸轮的线型。如图 4－1(b)所示的触头闭合表表示了各触头的闭

合规律。表中的“×”表示开关手柄在该位置时,该触头为闭合状态。

转换开关的操作方式为自复位式和定位式两种,自复位式转换开关当人手离开手柄时,可自动回复原位,定位式转换开关则每隔 30°或 45°有一个定位。

二、电流表及电流互感器

电流表的量程应约为额定电流的 130%,并且电流互感器次级绕组和铁芯有可靠接地。

在主配电屏上,三相电流的不平衡会影响三相电压的稳定性,因此三相电流也应有表监视。在三相电流表中,也有用两只电流互感器、一只电流表的连接方法,这样可以用一只开关来选择监控每相电流,电流测量电路如图 4-2、图 4-3 和图 4-4 所示。

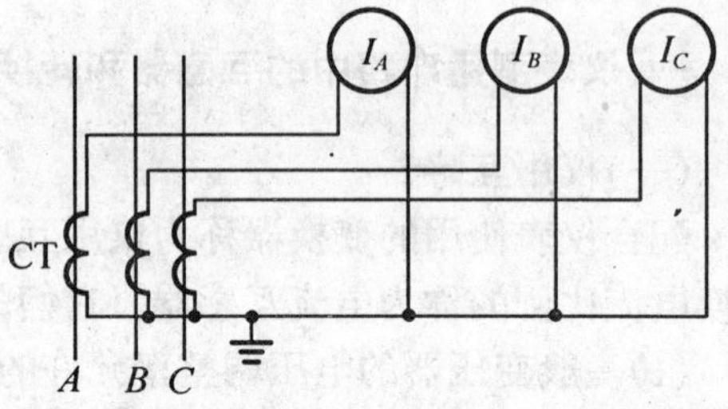

图 4-2　接地系统的三相电流测量电路

对电流互感器,初级用直线 L_1, L_2,次级用

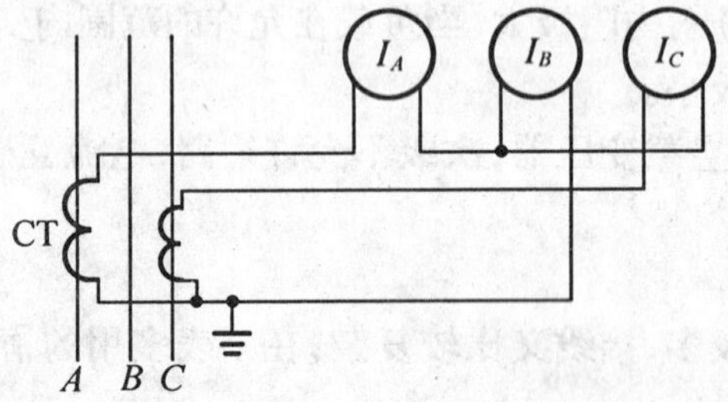

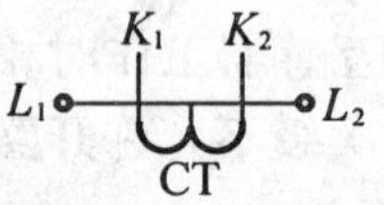

图 4-3　绝缘系统的三相电流测量电路

K_1, K_2 表示,相同下标为同名端。

次级标准电流 5 A,并且电流互感器次级绝对不允许开路。

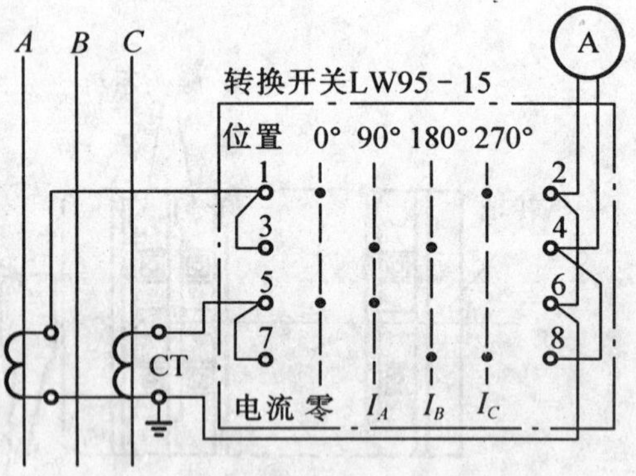

图 4-4　三相电流转换测量电路

三、电压表和电压互感器

电压测量电路如图 4-5 所示。电压表在量程上应约为额定电压的 120%,在配电屏上有一相电压测量和三相电压测量。

电压互感器工作时,相当于空载变压器,次级不允许短路。

电压互感器的初级用 A 和 X 表示,次级用 a 和 x 表示。A 和 a 为同名始端,X 和 x 为同名末端,次级标准电压为 100 V。

交流电压表、电流表只有两个接线端,本身并无极性,任意连接均可,只要互感器极性及转换开关接线正确,一般是不会错的,除非仪表本身不准。在调试过程中,电压表可用外接电压表(接在发电机端)来校对,电流表可用钳形电流表来校对,如发现有明显的而且很大的

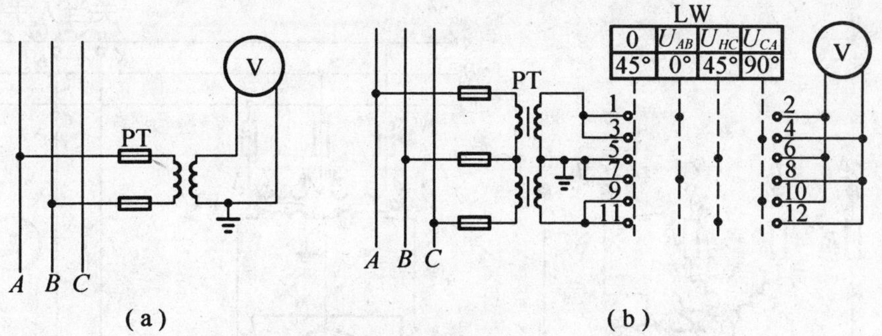

图 4－5　电压测量电路

(a)一相电压测量电路;(b)三相电压测量转换电路

差错,需作进一步检查。

四、频率表

一般频率表有指针式和振动片式两种,国内多采用指针式,如 47Dl－Hz 型频率表,其频率表的附带装置为 FY－50,频率表测量电路如图 4－6 所示。

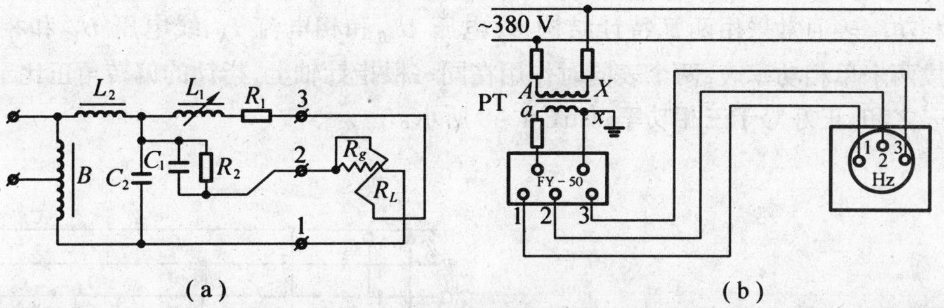

图 4－6　频率表测量电路图

(a)原理图;(b)接线图

用于发电机屏的频率表一般与电压表并联连接,由电压表转换开关控制。在并车时,可用同一个电压表和频率表测量,并比较电网与待并发电机的电压和频率。

五、功率因数表

功率因数表属于比较表类型,它无反作用力游丝,不通电时指针处于随意平衡状态。

功率因数表测量电路如图 4－7 所示。接线时,应注意 A 相电压与 A 相电流是相对应的同名相。如果取其他相电流,例如 C 相,则标 A 的电压接线也应接在 C 相电压上,然后按相序顺次下去,即 B 接 A 相,C 接 B 相。

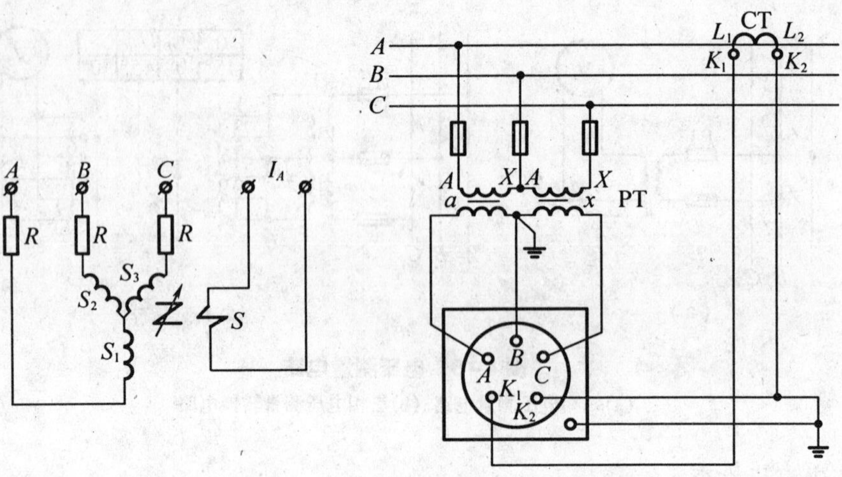

(a) (b)

图 4-7　功率因数表测量电路图

(a)原理图;(b)接线图

六、三相功率表

三相功率表通常采用两瓦特计结构,线电压 U_{AB} 和相电流 I_A、线电压 U_{BC} 和相电流 I_C 分别构成两个单相功率表,两个表同时作用在同一根指针轴上,指针的偏转角正比于两个单相功率表之和,正好等于三相功率,如图 4-8 所示。

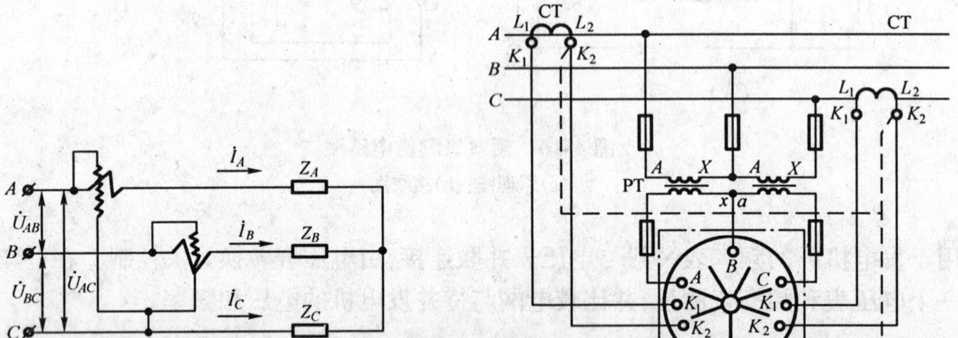

(a) (b)

图 4-8　三相功率表测量电路

(a)原理图;(b)接线图

七、在线式兆欧表

船舶电网中的在线式兆欧表测量电路原理图如图 4-9 所示,其虚线框内元件为兆欧表自身电路。兆欧表一般发生故障的可能性较少,如果怀疑它有可能存在故障时,可以用人为开路、短路的方法进行测试。

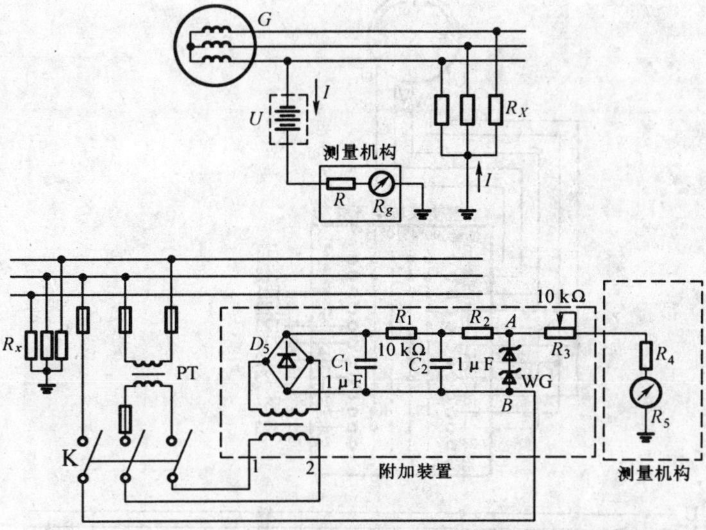

图 4－9　兆欧表测量电路

(a)原理图;(b)接线图

八、整步表

整步表需要用转换开关把表的三相端接向待并电阻,而另两个端子接向电网,如图 4－10 和图 4－11 所示。有的整步表电路中还增加一同步指示灯接在对应相上。

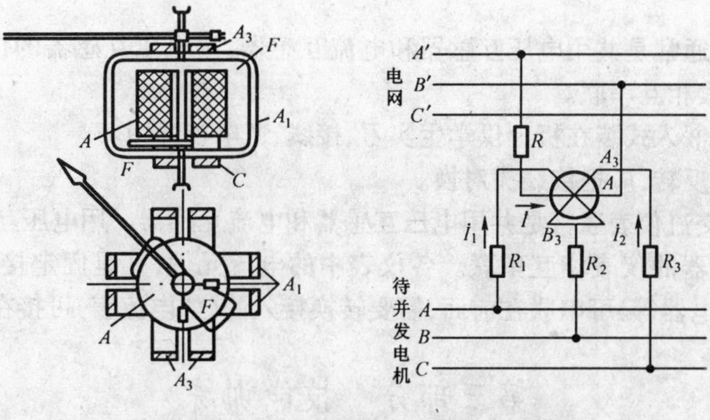

图 4－10　1T1－S 型整步表的结构与原理

九、盘装仪表安装接线要领

(1)船用监视仪表的接线截面一般不应小于 1.5 mm^2。

(2)电压互感器和电流互感器的次级绕组和铁芯均应可靠接地。

(3)仪表附近不要装加变压器一类电磁元件,以免影响读数正确性。

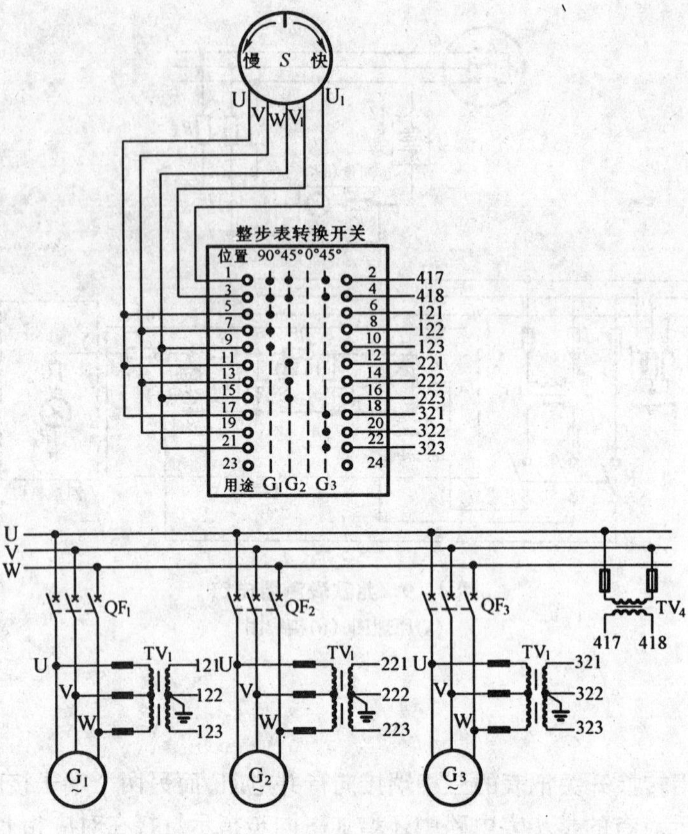

图 4－11　三台发电机整步表转换原理接线图

(4)交流仪表通常是共用电压互感器和电流互感器，用电压互感器的仪表相互并联，用电流互感器的仪表相互串联。

(5)仪表采用嵌入式装在板上供学生实习、接线、通电校验用。

(6)如有电表反转，应把接线头对换。

船舶电站的交流仪表通常是共用电压互感器和电流互感器。用电压互感器的仪表相互并联，用电流互感器的仪表相互串联。各仪表中的电流元件，凡是固定接入的(如功率表、$\cos\varphi$ 表和逆功率电器等)可串联在前面，需要转换接入的(如电流表)可接在后面。

第三部分　技能训练

项目一　电压表、电流表、频率表、功率因数表、三相功率表的各单元仪表的安装、接线和调试

1.阅读分析图 4－12 电路。

2.绘制仪表接线图。

3.安装互感器、转换开关、电量仪表及端子排等。

4.进行各仪表回路的接线。

5.通电调试。

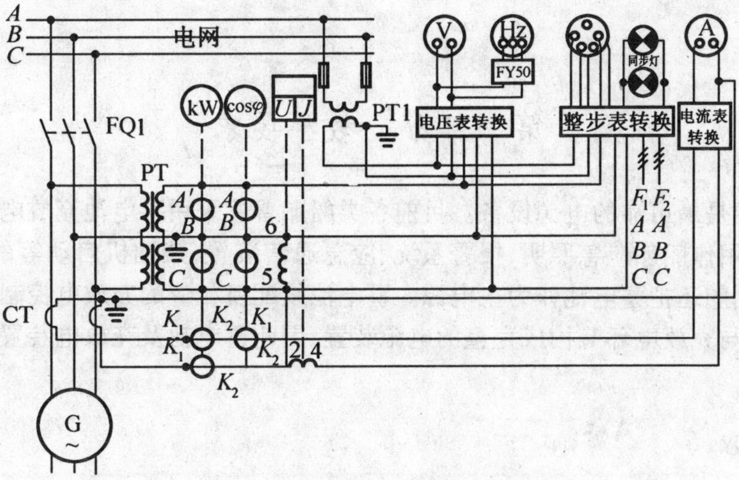

图 4－12　发电机屏仪表连接图

项目二　电网绝缘监视表兆欧表的安装、接线和调试

1.阅读分析图 4－9 电路,绘制可指示三相绝缘电阻的兆欧表转换测量电路。

2.绘制仪表接线图。

3.安装互感器、转换开关、电量仪表及端子排等。

4.进行各仪表回路的接线。

5.通电调试。

项目三　主配电板上盘装整步表的安装、接线和调试

具体步骤同“项目一”所列。

技能训练五　船舶蓄电池及充放电板的安装调试

第一部分　教学要求

蓄电池电源是最可靠的电源设备。目前各类船舶普遍采用蓄电池充放电装置作为船舶应急电源,主要用作船舶应急照明、报警系统、应急通信装置、柴油机启动等的电源,有的小型船舶和特种船舶还把蓄电池作为主电源。蓄电池须配备相应的充放电控制电路才能很好地工作,蓄电池与充放电环节构成完整的电源装置,因此蓄电池及充放电装置是船上极为重要的电气设备。

一、目的要求

1.熟悉蓄电池组的性质和充放电过程。
2.掌握船舶蓄电池充放电装置的安装调试和操作要求。
3.进行充放电设备(如GCA型)、硅整流充电装置系统接线,作充放电试验。
4.了解新型充电设备,如可控硅恒流充电等新型设备。

二、工具器材

1.个人电工工具一套(试电笔、电工工具套、电工刀、起子、钢丝钳、活动扳手)。
2.万用电表。
3.GCA硅整流充放电板。
4.0 ℃~50 ℃玻璃管温度计、500 cc玻璃量杯、蒸馏水10 kg。

三、教学节奏与方式

序号	项　目	时间安排	教学内容
1	阅读教材	课余	自学、查资料
2	教师讲授	0.5课时	①蓄电池组的性质和充放电过程。 ②船舶蓄电池充放电装置的安装调试和操作要求。 ③新型充电设备。
3	学生实作	3.5课时	充放电设备(如GCA型)、硅整流充电装置系统接线,作充放电试验

四、成绩评定

技能训练成绩:　　　　　　　　教师签名:　　　　　　　　时间:

第二部分　知识要点

一、蓄电池安装

由于蓄电池本身在使用过程中会产生大量易燃有害气体,如使用不当会造成大量溶液溢出,导致整个系统的绝缘电组下降,影响蓄电池的容量,给船舶安全及人体健康带来很大危害。所以蓄电池的布置及安装方法一定要考虑这方面的因素,以免造成严重后果。

(一)安装要求

(1)蓄电池可以敞开安装在通风良好的地方,若不具备这种条件,则应把蓄电池安装在专用舱室或箱柜内。

(2)由于蓄电池的过热会影响使用寿命,所以放置蓄电池的场所附近不应有排气管、蒸汽管等热源。此外,蓄电池在充放电过程中释放出氢气,积聚到一定浓度后遇到火花会引发爆炸事故。为避免这种事故发生,专用蓄电池舱或箱柜的位置应远离产生火花的设备,并配有醒目的"禁止烟火"标志。

(3)蓄电池舱及箱柜应有独立的通风装置,其出风口设在上方,进风口设在下方,进出通风口一般布置在箱柜对角线的两端,避免死角,保证气体流通。风口在结构上应设有挡板或弯头(鹅颈式),以防止水或火星进入(蓄电池室若用机械式通风装置更须考虑这种情况),风口的管子应直通敞开甲板。蓄电池箱盖最好带有斜坡,以防积水,其蓄电池舱及箱柜简单结构如图 5-1 所示。

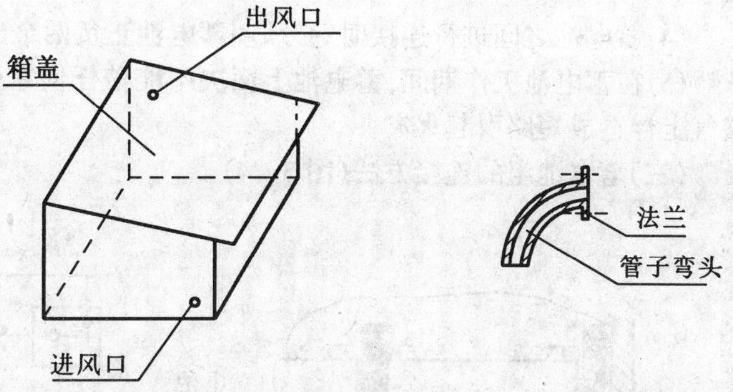

图 5-1　蓄电池箱进出风口的位置

(4)为了保证蓄电池的绝缘良好及防止电解液对蓄电池箱的腐蚀,蓄电池箱或支架的结构可采取如下措施:

①蓄电池箱内四周及底部、蓄电池架底部均包以厚度不小于 2 mm 的青铅,蓄电池在架上安装所使用的托盘应由耐腐蚀材料制成(如玻璃钢等),托盘高度不小于 45 mm。②钢质支架也应在表面包青铅,起防腐的作用。③为便于对蓄电池进行检测、加液、清洁、更换和空气流通等,蓄电池的安装高度,即电池液孔塞至踏板间距离不大于 1.4 m,上下层蓄电池之间应留有不小于 300 mm 的空间,如图 5-2 所示。④蓄电池排列时周围应留有空隙(与壁间隔 75 mm 以上,蓄电池之间 20 mm 以上),底部衬垫厚度为 5~10 mm 硬橡胶条。⑤为防止由于船的倾斜、摇摆而发生移动,在间隙处用不吸潮、耐腐蚀的绝缘材料楔加以固定,如图5-3所示。⑥放置酸性蓄电池的舱室,其顶部、围壁、地板等应涂耐酸漆,甲板最好铺耐酸瓷砖,以防有害体的侵蚀。

(5)为方便蓄电池的维护保养,蓄电池室的布置要考虑蒸溜水容器、稀硫酸容器、加液工具等附件的安装位置。如可能,再配置淡水龙头,以便清洗蓄电池及舱室,在托盘及甲板上要考虑排水方便。

(6)酸性蓄电池和碱性蓄电池不准安装在同一区域内，以免影响电池性能。

(二)蓄电池组安装及调试的有关注意事项

(1)酸性蓄电池和碱性蓄电池不能放置在同一舱室内。

(2)酸性蓄电池的安装应考虑其酸液的腐蚀，蓄电池室内及安装架上应涂有耐酸漆，盛装蓄电池的盘子应铺上青铅皮。

(3)蓄电池分层放置时，层次一般不宜超过两层，中间留出的间隙高度不小于0.5 m，蓄电池的间隔在20 mm以上，并用可拆木条夹住，以便日后的维护和取放。

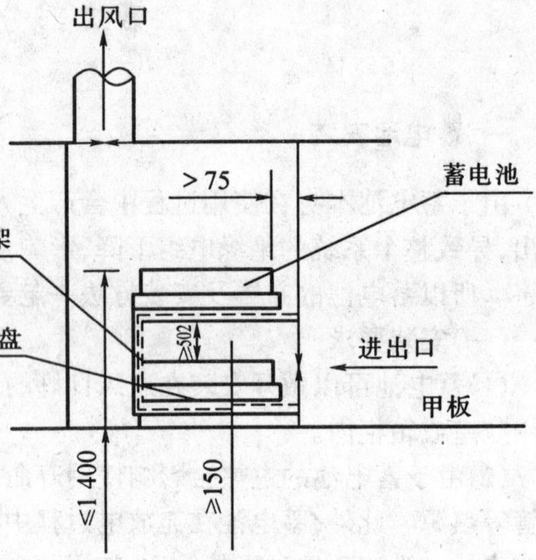

图5-2　蓄电池室蓄电池的布置

(4)蓄电池之间进行连接时，必须使蓄电池正负两个出线头尽量远离，以免短路。

(5)在蓄电池工作期间，蓄电池上面决不能盖任何东西，如木板、塑料薄膜等物，以防止酸气上浮造成短路引起火灾。

(三)蓄电池组的连接方法(图5-4)

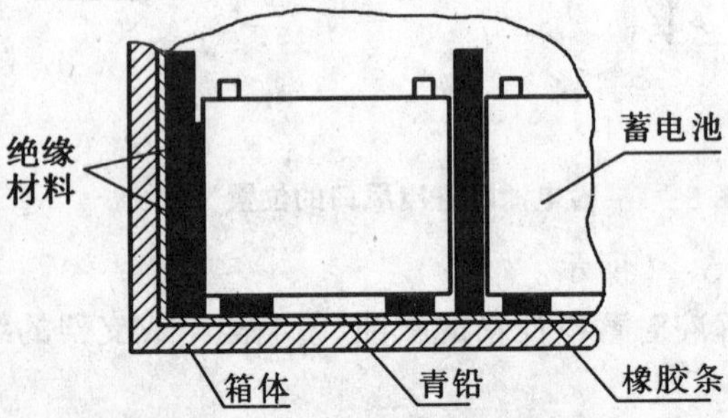

图5-3　蓄电池箱内部结构

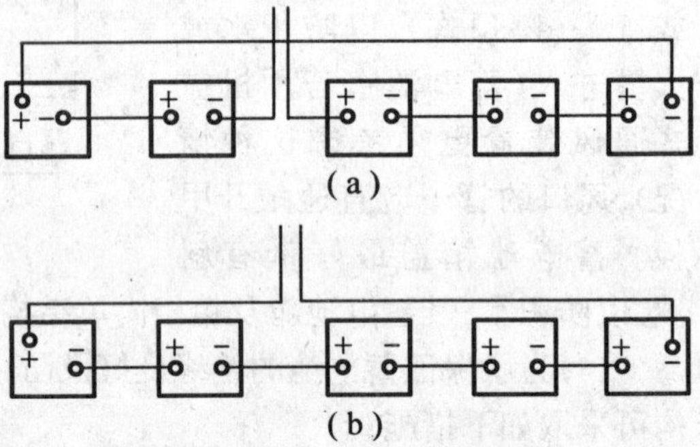

图5-4　蓄电池组接线比较

(a)错误接法；(b)正确接法

二、蓄电池充放电控制板调试

(一)充放电控制板原理

船上较为典型的充放电配电板电气原理如图5-5所示。

当船舶电网失电时，KA释放，KM也跟着释放，供小应急照明时用的蓄电池立即向全船小应急照明系统供电。供其他用途的蓄电池，一般设置甲乙二组，由转换开关SA控制，使两组蓄电池轮流处于放电状态。需要进行充电时，接通电源开关S_1，S_2，充电装置GCA投入工作。调节充电装置内的调压变压器，可以改变充电电流值。

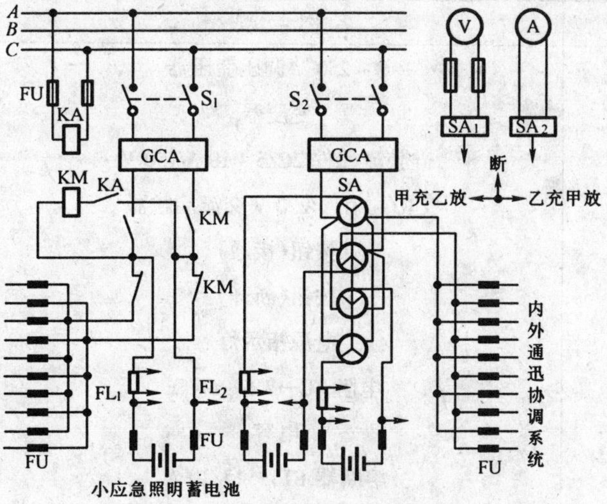

图 5-5　充放电配电板原理图

GCA—硅整流充电装置；SA—转换开关；

KM—放电接触器；KA—船网电压继电器；

$FL_{1\sim2}$—分流器；FU—熔断器，$SA_{1\sim2}$—转换测量开关；$S_{1\sim2}$—电源开关

GCA 型硅整流充电装置电气原理如图 5-6 所示，其 KM 为放电接触器，它受船舶电网电压继电器 KA 的控制。GCA 型硅整流充电装置的元器件见表 5-1。

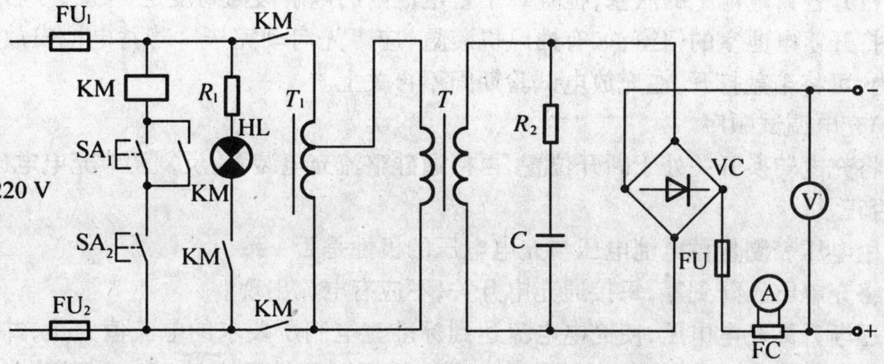

图 5-6　GCA 型硅整流充电装置电气原理图

T_1—调压变压器；T—整流变压器；VC—硅整流器；KM—电源接触器；SB_1—接通按钮；

SB_2—断开按钮；HL—电源指示灯；$R_{1\sim2}$—电阻；C—电容；$FU_{1\sim2}$—熔断器；FC—分流器

表 5-1 GCA 型硅整流充电装置的元器件

代号	名称与规格	数量
T_1	0~250 V 调压变压器	1
T	变压器	1
VC	硅整流元件 2CZ5~10 A/150 V	4
KM	CJO-40 A/220 V 交流接触器	1
SB_1	按钮(接通)	1
SB_2	按钮(断开)	1
HL	电源指示灯	1
R_1, R_2	电阻 ZC—7.5 60 Ω	2
C	电容	1
$FU_{1,2}$	熔断器 RL1—15/10 A	2
FC	分流器	1
A	电流表 0~10 A	1
V	电压表 0~100 V	1

(二)初次充电调试

(1)按图检查本系统所属的外部连接线的敷设和接线的正确性,并检查蓄电池安装是否符合要求。

(2)检查整个系统的绝缘电阻。

(3)打开各蓄电池上的瓶塞,检查每个蓄电池内的电解液面高度是否超过了极板。

(4)打开蓄电池室的门窗,如有抽风机装置,应事先启动完毕。若蓄电池安放在蓄电池箱(柜)内,可将箱盖打开,在充放电试验期间不再关上。

(三)充电调试顺序

(1)将充电转换开关处于断开位置,再接通硅整流充电装置,反复调节充电电压,观察其工作是否正常。

(2)用电压表测量蓄电池电压与充电电压的极性是否一致。

(3)将充电电压降到零,每接通充电开关,不应有电流出现。

(4)逐渐升高充电电压,使充电电流达到标准充电制所要求的电流值为止,并保持一段时间,若无其他异常现象,充电即可认为正常。Q 系列酸性蓄电池,GH 系列碱性镉镍蓄电池,TN 系列碱性铁镍蓄电池规格数据分别见表 5-2、表 5-3、表 5-4。

(5)依次转接到另一组蓄电池进行相似的充电试验,在各组蓄电池充电都正常后,初次充电调试结束。

表 5－2　Q 系列酸性蓄电池规格数据

型号	额电电压/V	额定容量/(A·h)	放电：10 小时放电率		放电：常温启动放电率(30 ℃)		初次充电：第一阶段		初次充电：第二阶段		经常充电：第一阶段		经常充电：第二阶段	
			放电时间/h	放电电流/A	放电时间/min	放电电流/A	电流/A	时间/h	电流/A	时间/h	电流/A	时间/h	电流/A	时间/h
3-Q-S6/6-Q-56		56		5.6		170	4		2		5		3	
3-Q-70/6-Q-70		70		7.0		210	5		3		6		3	
3-Q-84/6-Q-84		84		8.4		250	6		3		8		4	
3-Q-90/6-Q-98		98		9.8		295	7		4		9		5	
3-Q-112/6-Q-112	6/12	112	10	11.2	5.5	335	8	25～35	4	20～30	11	10～12	6	3～5
3-Q-126/6-Q-126		126		12.6		380	9		5		12		6	
3-Q-140/6-Q-140		140		14.0		420	10		5		14		7	
3-Q-154/6-Q-154		154		15.4		460	11		6		15		8	
3-Q-168/6-Q-168		168		16.8		505	12		6		16		8	
3-Q-182/6-Q-182		182		18.2		545	13		7		17		9	

表 5－3　CN 系列碱性镉镍蓄电池规格数据

型　号	额定电压/V	额定容量/(A.h)	标准放电制：8 小时放电 电流/A	标准放电制：8 小时放电 终止电压/V	标准放电制：1 小时放电 电流/A	标准放电制：1 小时放电 终止电压/V	标准充电制：时间/h	标准充电制：电流/A	标准充电制：充电电量/(A·h)
GN－2.25	1.25	2.25	0.28	1.0			6	0.50	3.36
GN－10		10	25					2.5	15
GN－22		22	2.75					3.5	33
GN－45		45	5.65		45	0.5		11.25	67.5
GN－60		60	7.5		60	0.5		15	90
GN－100		00	12.5		100	0.5		25	150

表 5-4　TN 系列碱性铁镉镍蓄电池规格数据

型　号	额定电压/V	标准放电制				标准充电制		
		时间/h	电流/A	容量/(A·h)	放电终止电压/V	时间/h	电流/A	充电电量/(A·h)
TN-10	1.25	10	1	10	1.0	7	2.5	17.5
TN-22		8	2.75	22			5.5	38.5
TN-45		8	5.65	45			11.25	78.75
TN-60		8	7.5	60			15	105
TN-100		8	12.5	100			25	175
TN-250		5	50	250			62.5	437.5
TN-300		5	60	300			75	525
TN-350		5	70	350			90	630
TN-500		8	62.5	500			125	875

(四)放电试验

1.小应急照明系统放电试验要点

(1)检查小应急照明系统各分路的绝缘情况,并按图放置规定功率的灯泡。

(2)人为切断船舶电网电压继电器 KA 的电源,使放电接触器 KM 释放,蓄电池进行放电。

(3)逐路检查应急灯的工作情况,如有故障,应予以排除。

(4)在小应急照明系统工作正常以后,再进行正式放电试验。

(5)如船上另设有应急发电机供应急照明之用,小应急照明反作临时照明,照明亮度以保证行走方便为主,此时蓄电池组的容量应能保证连续放电 30 分钟。如船上无应急发电机,小应急照明作主应急照明之用,蓄电池组的容量应保证连续放电时间,时间长短视船舶不同而有所区别,一般在 2~36 小时之内。放电试验时,可按系泊试验大纲规定进行试验。在放电期间,照明亮度应能保证必要的工作场所有足够的照度。

(6)记录放电电流及放电前后的电压变化。

2.其他用途蓄电池组的放电试验要点

(1)柴油机启动用蓄电池组　在充电充足之后,应按规定次数(不得少于 3 次)连续启动,在柴油机无故障及调节适当的情况下,应每次均能保证柴油机转动。

(2)低压助航、信号、内外通讯用蓄电池组　按图纸逐路进行供电,保证各用户供电正常。

三、蓄电池充放电相关知识

(一)蓄电池种类和特点

现在船上使用的蓄电池,按其电解液不同可分为两大类,一类为酸性蓄电池,一类为碱性蓄电池。

酸性蓄电池一般是指铅板蓄电池,其正极板为二氧化铅(PbO_2),负极为铅板,电解液为硫酸溶液。硫酸平时分解为带正电的氢离子和带负电的硫酸根离子。在蓄电池放电时,正

负极上发生的电化学反应为

正板　　$H_2SO_4 + PbO_2 + H_2^{++} + 2e = PbSO_4 + 2H_2O$

负极　　$Pb + SO_4^{++} = PbSO_4 + 2e$

负极释放出来的电子 e 从负极出来，经外回路到达蓄电池正极后，再参与正极上发生的电化学反应。电子渡过外电路形成电流，蓄电池做功，将化学能转化为电能，消耗在外电路上。放电的结果使溶液的硫酸浓度降低，电动势降低，内阻增大，并有少量水被电解成氢和氧析出。

蓄电池充电时，正负极板上发生与上述情况相反的电化学反应，即

正极　　$PbSO_4 + 2H_2O = PbO_2 + 2H_2SO_4 + 2e$

负极　　$PbSO_4 + A_2^- + 2e = Pb + H_2SO_4$

正极上放出的电子 e，经过充电电源的内部到达负极，参与负极上的电化学反应，将充电电源的电能转化为化学能贮藏起来，充电电源做功。充电时，溶液中的硫酸浓渡升高，电动势上升，在充电过程中，同样析出氢和氧。

由于在充电过程中，硫酸浓度均随之变化，所以酸性蓄电池内贮藏的电能多少，除了可根据电动势高低来判断外，还可以根据电解液的浓度来确定，即

$$E = 0.84 + d$$

式中　E——蓄电池电动势，V；

　　d——电解液浓度。

为此有一种专用比重计，可直接测出酸性蓄电池的电动势。

碱性蓄电池的种类较多，有镉镍蓄电池、铁镍蓄电池、银锌蓄电池等。其特点是体积小，机械强度高，工作电压平衡，能大电流放电，使用寿命长，易于携带，但其单节电池额定电压较低，一般为 1.25 V，它使用的数量比酸性蓄电池多 67%。

目前船上广泛使用的为镉镍蓄电池，正极板为氢氧化亚镍，负极板为镉，电解液为氢氧化钾或氢氧化钠(各渗入少量氢氧化锂)。

在放电时，正、负极板上发生如下电化学反应

正板　　$2N_2(OH)_3 + 2K' + 2e = 2N_2(OH)_2 + 2KOH$

负极　　$Cd + 2(OH)^- = Cd(OH)_2 + 2e$

负极上释放出来的电子 e，经过外回路到达正极，参与正极上的电化学反应。放电的结果是镉和氢氧化亚镍同时减少，电动势降低，而电解液的浓度不变，水分因电解而有所减步。

在充电时，正负极板上也发生逆向的电化学反应

正极　　$2N_2(OH)_2 + 2(OH)^- = 2N_2(OH)_2 + 2e$

负极　　$Cd(OH)_2 + 2K^{-1} + 2e = 2KOH + Cd$

正极放出的电子 e，经过充电电源达到负极，参与负极上的电化学反应。充电结果使电动势升高，但电解液浓度不变。

由于在充放电过程中，电解液仅起媒介作用，浓度不变，因此碱性蓄电池所贮藏的电能多少，不能用电解液的浓度来反映，而只能用直接测量电动势的方法来估计。在放电后必须及时充电，否则会使蓄电池容量不足，导致损坏。

(二)初充电和经常充电

蓄电池充电时，初充电和经常充电两种情形有所不同。充电必须严格依照蓄电池的技

术要求进行,才能保证正常使用,否则会使蓄电池容量不足和寿命缩短。

1.初充电

新的或长期库存的蓄电池,在使用前应经过初充电。

(1)酸性蓄电池　将配制好的浓度为1.285,经过充分冷却的电解液注入蓄电池内,液面应高出保护板10~20 mm。电解液注入后,电池内部发热,要等电池内电解液的温度低于35 ℃时,才能进行初充电。电解液注入后,过一段时间,其液面高度往往比刚注入时的液面低,这是内部极板吸引的缘故,必须再加至规定的高度。自电解液注入电池内至开始充电,中间所搁置的时间,一般不应超过24小时。

初充电必须按上述表中所规定的电流和时间进行。用第一阶段电流充电,使每一个小电池的端电压上升至2.4 V,然后改用第二阶段电流充电,直到电压和电解液浓度在3小时内基本不再变动为止。在充电终了时,再校正电池内的电解液浓度,使其达到1.285,然后再用第二阶段电流继续充电1小时。这样,初充电全部完成,即可交付使用。

(2)碱性蓄电池　将蓄电池注入所需要的电解液(浓度为1.19~1.21的氢氧化钾混合电液,浓度为1.17~1.19的氢氧化钠混合电液,浓度为1.25的氢氧化钾电液),控制电液液面,使其高于极板端面5~12 mm左右,静置2小时,再调整一次液面,即可进行初充电。

初充电按上述表中规定的标准充电制的电流充电6~7小时,再用此电流的一半充电6小时,然后用标准放电制的电流放电4小时。这样经过2~3次初充电及放电循环,然后用标准充电制的方法再次进行充电,充电后静止2小时,调整电液的浓度和液面高度。再次注入不含游离酸的凡士林油(液体),使电液和空气隔离后即可使用。

2.经常充电

(1)酸性蓄电池　酸性蓄电池的经常充电应分两个阶段进行,充电电流和时间见前表。第一个阶段充电,使蓄电池电压上升到每个电池2.4 V左右,然后转入第二阶段充电,充电后,对蓄电池的电解液浓度进行调整,使其达到1.285左右,再以第二阶段充电电流继续充电1小时,使蓄电池内的电解液浓度上下均匀一致,整个充电过程完毕。

由于酸性蓄电池开路损失较大,充足了的蓄电池,长久不用(如应急照明蓄电池),因内部自放电,使电压和容量降低,因此需要进行维护性充电,以每小时1 mA的电流进行长时间充电。

(2)碱性蓄电池　碱性蓄电池的经常充电亦分两个阶段进行,第一阶段用1/4容量的电流充电6~7小时,第二阶段用第一阶段充电电流的一半充电2~3小时,再校正电解液,整个充电过程完毕。

(三)充电方法

1.恒压充电法

在充电过程中充电电压始终保持不变,充电装置简单,操作方便。用这种充电方法充电,充电电源和蓄电池之间电压差较大,其充电电流大大超过正常充电电流,容易造成极板弯曲,活性物易脱落。但随着蓄电池端电压的上升,电流逐渐减小,到充电末了电流很小,使极板深处得不到很好的还原,电能贮藏不足,船上很少使用,如发电机充电。

2.恒流充电法

在整个充电过程中充电电流始终保持不变。由于充电中电池电压逐渐升高,为了保持充电电流不变,充电电源的电压必须不断提高,给操作带来麻烦,而且到充电末了时充电电流还是很大,会造成电解液中的水分电解,形成很多气泡,损失很多电能,也容易把极板弄坏,如用限流电阻充电。

3.分段恒流充电法

在充电开始时,用较大电流充电,当蓄电池发生气泡,电压升到2.4 V左右时(酸性蓄电池),改用第二阶段充电电流充电。这样既不浪费电力,又能延长蓄电池的寿命,是一种较好的方法,目前大多数船上都采用此种方法。

4.浮充电法

浮充电法就是蓄电池通过充电装置和直流电网并联,在充电装置向其他用户供电时,同时向蓄电池进行充电。当外负荷减小时,电网电压略有升高,可见充电电流自动增加,反之自动减小,充电电流是浮动的,由此而得名。一旦电网失电,蓄电池立即代替发电机向用户供电,这种方法在船上得到广泛使用。

5.过充电法

酸性蓄电池在使用中往往因为长期充电不足或其他原因,使其极板出现硫化现象,从而在充电时,电压和浓度不易上升。为了使蓄电池运行良好,对有以下情况者必须进行充电:

(1)蓄电池放电到极限电压以下;

(2)最大放电电流超过限度,如短路;

(3)蓄电池放电后,没及时充电在1~2昼夜以上;

(4)蓄电池极板抽出来过;

(5)电解液内混有杂质;

(6)个别电池极板硫化,充电时浓度不易上升。

过充电方法是指在正常充电后,再用10小时放电率的1/2或3/4的电流进行充电1小时,停充电1小时,如此反复进行,直到充电装置一接通就发生强烈气泡。

6.快速充电法

近年来出现了一种基于大电流反复短时充放电原理的快速充电法,它利用可控硅脉冲充电电路,在很短的时间内(0.5~2小时)充电完毕并投入使用。由于大电流充电对蓄电池寿命有较大影响,所以只有在缩短充电时间与延长蓄电池使用寿命相比,以前者为重时,才予以采用。而一般船上,充电时间是不受限制的,故快速充电法在船上很少采用。

(四)充电电路

1.整流器充电装置

这类装置的特点是将交流电源经过整流成为直流,一般采用硅整流器,整流电流大,反向耐压高,整流效率高,而且具备调节平滑、体积小、无噪声等优点。大部分交流船舶都采用此类装置,其线路有:

(1)GCA型硅整流充电装置　GCA型硅整流充电装置,其电气原理如图5-7所示。充电电流大小可用调压器调节,该装置工作稳定可靠,但充电电流要受到交流电网电压波动的影响,随着电网电压升高而增加,所以要经常注意调节,以维持充电电流恒定。一般适用于电网质量较高的大型船舶。

(2)可控硅充电装置　可控硅充电装置利用输出回路的电流信号反馈,控制可控硅的导通角,使充电电流自动恒定。

图5-7为一种较为可靠的可控硅充电线路。R_1为反馈电阻,接于主回路中,为防止反馈电阻受温度影响而造成充电电流变化,可用几只温度系数很小的仪用分流器相串联来替代R_1。R_1上的电压降被反馈到三极管BG_1的发射极-基极回路中去,这样反馈信号的大

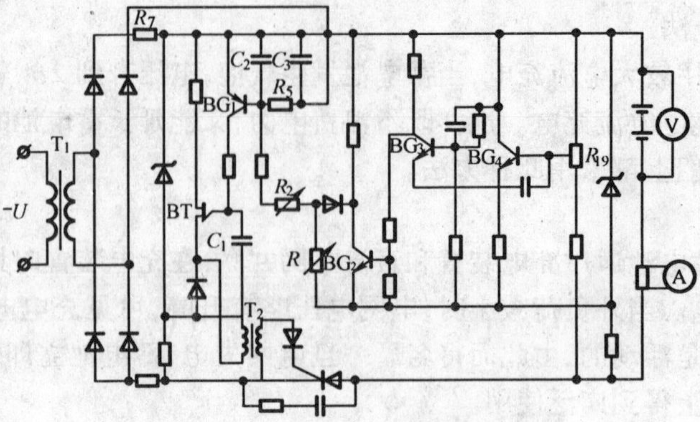

图 5－7　可控硅恒流充电原理图

小便能控制可控硅的导通角。电位器 R_7 用来调节充电电流。三板管 BG_2 ~ BG_4 作为蓄电池充电充足后，电压升高而自动停止充电之用。为防止在自动停止时发生反复振荡，可用电位器 R_5 来调节反馈系数。

另外，还有一种可控硅充电装置，其反馈信号由电流互感器提供，如图 5－8 所示。

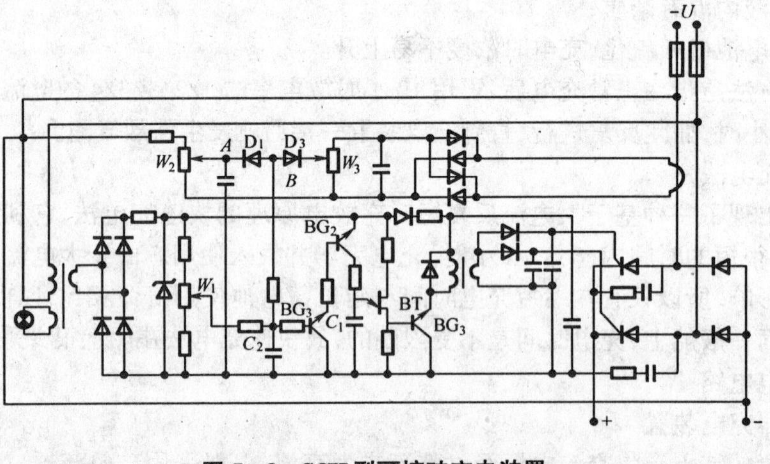

图 5－8　SCH 型可控硅充电装置

电位器 W_1 用来控制充电电流大小，电位器 W_2 为电流反馈控制调节器。线路中还设置了电压反馈环节。用电位器 W_2 进行整定，当蓄电池电压升高到整定值时，使 A 点电位低于 B 点的电位时，电流反馈自动截止而转入电压反馈控制，即由恒流充电转入恒压充电。

2.发电机充电装置

这种装置可用于交、直流船舶，充电电流大小可用调节发电机励磁电阻来控制。适用于蓄电池组数量较多而充电时间又较频繁的情况。发电机充电装置的典型线路如图 5－9 所示。发电机容量可按需要同时充电的蓄电池总充电电流来选择。

3.限流电阻充电装置

这类充电装置用于直流船舶主电网电压较高，蓄电池电压较低而又不经常充电的情况，如直流供电船舶的应急照明蓄电池组，其典型线路如图5－10所示。该装置结构简单，维护方便，但充电效率较低，充电时操作较为复杂，要经常调节电阻来控制充电电流。

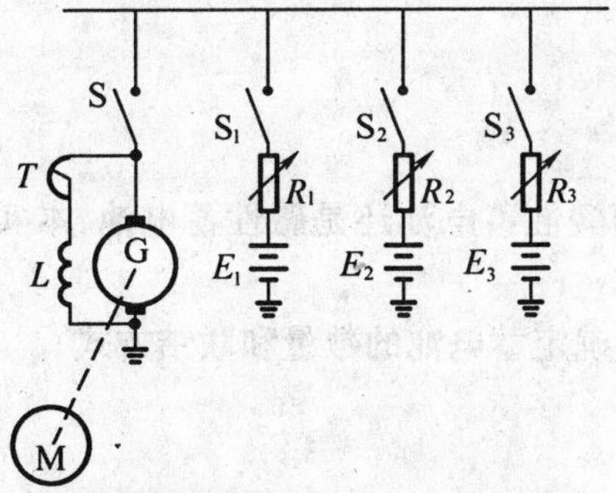

图 5－9　发电机充电装置

R—限流电阻；S—闸刀开关；*L*—励磁绕组；

T—磁场变阻器；*G*—发电机；*M*—电动机

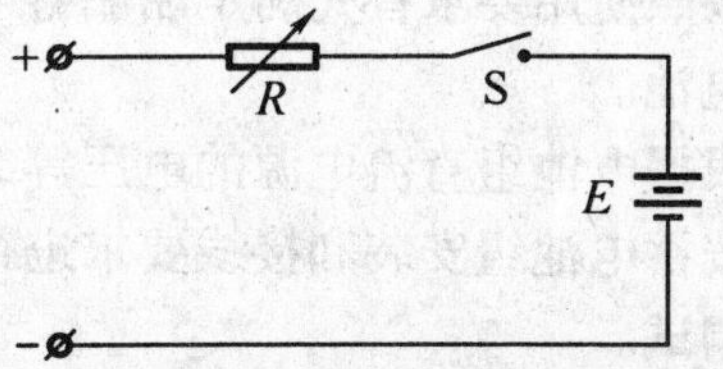

图 5－10　限流电阻充电装置

R—限流电阻；S—开关

(五)放电方法

1.电阻放电

蓄电池可以直接向电阻放电，此时，放电电阻的阻值最好可以调节，以维持放电电流的恒定。电阻可采用康铜丝或铬铝丝来绕制，其结构简单，放电电流大，在分段较多的情况下，可近似达到分段恒流放电。

2.灯泡放电

临时外接若干只大功率灯泡(200～500 W)作为蓄电池的放电负荷。船上小艇启动蓄电池大多采用此种方法放电。用灯泡放电时，要注意安全。

3.实际负荷放电

利用船上实际负荷进行放电，如船舶小应急照明用的蓄电池组，可向实际负荷放电，同时还可检查应急照明系统。还有一些浮充电蓄电池，也可向船舶实际负荷放电。

表 5－4　酸性蓄电池和碱性蓄电池的比较

项　目	酸性蓄电池	碱性蓄电池
放电电压	较高，2.1 V	较低，1.25 V
内电阻	较小，平均 0.005 Ω	较大，平均 0.03～0.06 Ω
体　积	较　小	较　大
维　护	较　易	较精细
机械性能	较　当	较好，不怕摇摆，耐冲击
使用寿命	较　短	较　长
保　管	有酸液腐蚀	较方便
开路损失	较大，要维护性充电	较小，可长期放置
放　电	不可长期放电	可长期放电
短路性能	较　好	较　差
电　液	不用调换	要调换
价　格	较便宜	较昂贵

第三部分　技能训练

项目一　船舶蓄电池组的安装和接线

1.依照使用要求首先确定船舶蓄电池组是采用酸性蓄电池还是碱性蓄电池,本实训为酸性蓄电池。

2.根据电池组直流电源的电压等级和电源容量确定蓄电池的数量和联结方式。

3.按蓄电池组安装和接线要求进行安装接线。

4.调试。

注:蓄电池组故障有断路、漏液、接线端氧化、接触电阻大等,发现上述故障应及时处理。

项目二　蓄电池充放电控制板安装、接线及调试

1.按 GCA 硅整流充放电装置电路(图 5 – 6 和表 5 – 1)进行内外部接线。

2.蓄电池组连接成 24 V,充电器设备输出电压、电流、极性,核对正确后方可进行充电。

3.按充放电操作步骤进行充电调试。

4.观察充电过程中,电压和电流的变化,如发现充电设备不正常应及时切断电源,检查原因并处理。

注:充电设备的故障,以 GCA 型硅充电设备为例,输出电压偏低,可能有接线错误,整流二极管损坏,造成直流电压失控,以上故障应及时排除,方可进行充放电调试。

技能训练六　保护整定与电气连锁

第一部分　教学要求

船舶电力系统在运行中,可能会发生各种故障和不正常的运行状态。不正常运行状态是指运行参数已偏离额定值,但仍可短时工作,如有限的过载、欠压、欠频、逆功率以及三相绝缘系统发生单相接地等,而故障则导致系统不能再继续工作,如各种形式的短路、断路、失压和误操作等。为了防止故障和不正常状态造成大面积乃至全船断电,必须设置相应的保护环节;为了杜绝误操作所导致的故障,也必须设置相应的闭锁环节。保护的整定和闭锁关系的实现,需要在设备安装调试阶段及使用现场来完成,这是一项重要的工作,它直接关系到船舶电力系统的运行和安全。

一、目的要求

1.了解船舶电站安全保护和闭锁环节的内容、作用及要求。
2.掌握船舶发电机的外部短路、过载、欠压和逆功率等保护的整定。
3.掌握船舶电力系统中常见闭锁环节的设置与调试。

二、工具器材

1.个人电工工具一套(试电笔、电工工具套、电工刀、起子、钢丝钳、活动扳手)。
2.万用电表、钳形电流表、兆欧表、计时秒表。
3.发电机组、断路器。
4.主配电板、应急配电板、充放电板。

三、教学节奏与方式

序号	项　目	时间安排	教学内容
1	阅读教材	课余	自学、查资料
2	教师讲授	0.5课时	①船舶电站保护与闭锁的内容 ②发电机的保护 ③闭锁关系
3	学生实作	7.5课时	①船舶发动机的外部短路保护、过载保护、欠压保护和逆功率保护的整定 ②船舶电网单相接地监视和绝缘检测试验 ③船舶电网接用岸电的相序保护训练 ④船舶电力系统中的电气连锁试验

四、成绩评定

技能训练成绩：　　　　　教师签名：　　　　　时间：

第二部分　知识要点

一、船舶电站安全保护的任务，保护环节的作用与要求

(一)安全保护的任务

安全保护的任务就是要及时切除故障电路、及时通报不正常运行状态，以避免事故的扩大，确保船舶、电力系统和机器设备的安全运行。

(1)当电气设备发生故障或出现足以造成故障的危险情况时，保护装置能迅速地、有选择性地切除故障电气设备，保证非故障部分继续正常运行。

(2)当电力系统或电气设备发生不正常运行状况时，保护装置应立即发出报警信号，使值班人员及时进行处理，以防事态扩大。若不能及时排除，则应延时切除不正常运行设备。

(3)配合自动装置，自动消除或减少事故或不正常运行情况。

(二)保护装置的要求

为了使保护得以迅速、准确而可靠地实施，保护装置的动作应具有可靠性、选择性、快速性和灵敏性。

(1)可靠性　保护装置本身必须工作可靠，对其保护范围内的故障不应拒绝动作，对于正常运行或其保护范围外发生的故障不应有误动作。

(2)选择性　电力系统，从发电机到负载，应分级设置保护装置，使保护具有选择性。即当系统发生故障时，使离故障电路最近的保护装置动作，仅切除故障部分，以尽量缩小停电范围，保证非故障电路能继续正常运行。图6-1为选择性保护原理示意图，例如当系统中电动机端口处发生短路时，短路电流流经三级保护电器，但是只选择离短路点最近的保护电器FS_3(或FU)动作，使短路故障部分与系统断开，它的上位两级自动开关QF_2和QF_1则不应因短路电流而先于FS_3动作，以缩小故障停电范围。如果FS_3因故拒绝动作，则作为后备保护的上位保护开关QF_2应动作。

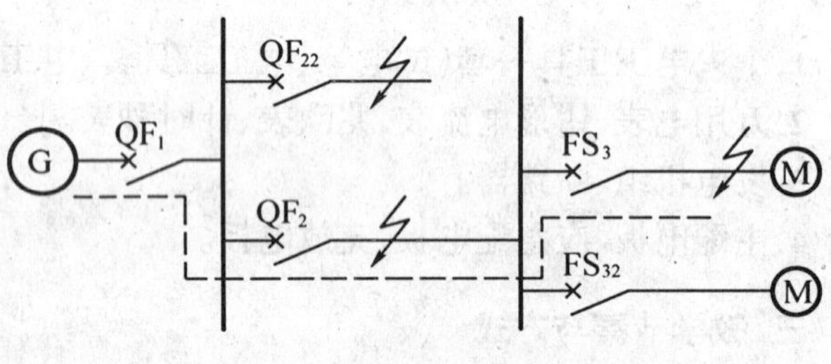

图6-1　保护的选择性

选择性保护是通过整定从发电机到负载的各级保护电器的动作电流值($I_1 > I_2 > I_3$)和动作延时($t_1 > t_2 > t_3$)来实现的。

(3)快速性　对于故障保护电器要求动作快速，以免事故扩大造成损害。快速性是指需要动作时应快速动作，有瞬时动作和延时动作两种。对于特大短路要求瞬时快速动作，对于选择性保护电器或非正常运行的保护装置则应在到了延时时限时快速动作。

非正常运行状态延时保护的目的，是为了避免短时即逝的非正常状态引起保护电器动

作,以保证最大限度地连续供电,而延时的长短则根据电气设备所能承受的非正常状态的能力来选择。

灵敏性即是对故障及非正常状态的反应能力,能够准确及时的探测出故障或非正常运行状态。灵敏性是指检测运行参数的灵敏度,灵敏性并不完全意味着保护电器动作的快速性。一个保护电器或保护装置往往由多种部件组成,各司其事,根据不同保护的要求,灵敏、延时和快速性选择或整定恰当才是一个好的保护装置。

二、同步发电机的保护

(一)外部短路保护

根据我国《钢质海船入级与建造规范》规定:对于船舶发电机外部短路保护一般应有短路延时和短路瞬时动作保护,其设置及整定要求如下:

(1)短路短延时保护　短路电流为3~5倍发电机额定电流,延时0.2~0.6 s过流脱扣器动作跳闸。

(2)短路瞬时保护　短路电流为5~10倍发电机额定电流,过流脱扣器瞬时动作跳闸。

短路保护的整定由于电流较大,一般只在陆地上用低电压大电流可调变压器进行调整复核,船上不再另行复核。

(二)过载保护

(1)对无分级自动卸载装置的发电机过载保护　电流达到125%~135%额定电流,延时15~20 s动作,自动开关跳闸。

(2)对有分级自动卸载装置的发电机过载保护　电流达到110%~120%额定值,延时5~10 s自动卸载装置动作,卸掉部分次要负载;当电流达到150%额定值时,延时10~20 s过载保护装置动作,自动开关跳闸。

船舶同步发电机的过载保护一般是由空气断路器的过流脱扣器及延时机构或分级卸载装置等实现。具体整定值可按船舶实际工况的需要略有变动。如不动作应适当调整,各种型号开关不同应有所差异。

校对过载保护装置动作值时,一般应采用两组负荷装置,让一组负荷装置的电流达到100% I_N,而另一组负荷装置的电流为(25%~35%)I_N。先让发电机承担100% I_N,然后瞬时叠加上另一组负荷,让总电流一下子达到(125%~135%)I_N,记录过载保护装置动作时间。如果符合要求,再让开关通过110% I_N,则过载保护装置应长期不动作。在试验时,绝对不能在负荷达到100% I_N后,慢慢增加负荷到(125%~135%)I_N,这样测得的动作值和延时时间是完全不可靠的。

(三)欠压保护

(1)对于带时限的欠压保护　发电机电压降低到70%~80%额定值时,延时1.5~3 s动作跳闸。

(2)对于不带时限的欠压保护　发电机电压低于50%~60%额定值时,瞬时动作跳闸,欠压保护通过空气断路器的失压脱扣器实现。

欠压保护主要是保护欠压的发电机和运行的电动机。由于励磁恒压系统故障等原因引起发电机电压的下降,使电动机转矩减小,转差率变大,电流增加,从而引起电动机和发电机过热。欠压保护的任务就是当发电机低压时,使发电机跳闸或合不上闸。欠压保护还可作为外部短路的后备保护,因为持续短路会使电压很低。为避开突加大负载(如大容量电动机或多台电动机同时启动)引起的短暂电压的下降，通常欠压保护也延时动作。

(四)逆功率保护

逆功率保护的整定值是指逆功率为发电机额定功率的5%～15%左右时，延时1～10 s动作跳闸。

逆功率保护是通过逆功率继电器和自动开关的失压脱扣器实现。典型的逆功率继电器有GG－11型(具有铝质圆筒形转子)和GG－21型(具有铝质圆盘形转子)。

逆功率保护接线原理如图6－2所示。接好线后应进行检查，并注意核实互感器的同名端。正确的接线是：当发电机向系统输送功率时，继电器不应动作；当发电机发生逆功率时，继电器应动作，使发电机跳闸。如在正功率时，逆功率继电器动作，说明接线反了，一般将电压线圈两端换一下即可。当动作灵敏度相差很大时，可能是相序接错，应调换线电压或调换相电流进行校正。

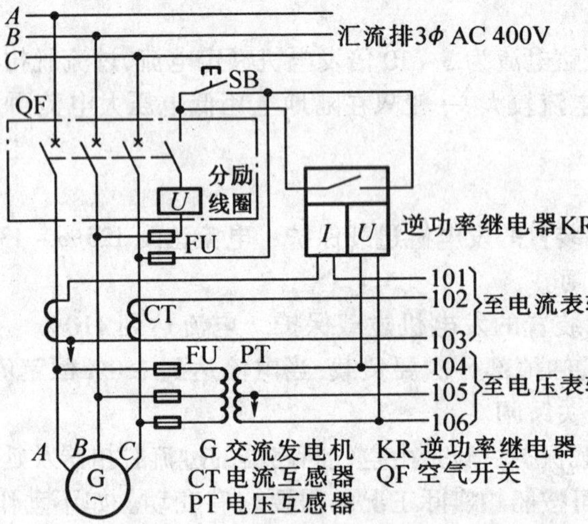

图6－2　逆功率继电器的实际接线图

在逆功率继电器上装有调整逆功率动作值的插座。它是靠改变电流线圈的匝数来实现的，可调整在8%～15%额定功率时动作。此外，还有一止挡块，其作用是当发电机输出功率时，能挡住动触头使之不能向反向转动，改变止挡块的位置，就可以调整动触头的行程，以整定延时的时限，它可在2～12 s内整定。

实际整定调试时，可把逆功率继电器的电压绕组或电流绕组的两个接线头对换一下，使逆功率继电器处于正功率动作状态，然后让发电机输出有功功率，当功率达到15% P_N 时，逆功率继电器应起步动作。如不动作，可适当调整动作值，如果一直不能动作，或动作值相差大，则应检查其接线是否正确。

三、发电机过电流保护装置和整定

发电机过电流保护的整定和调试是船舶电工应掌握的重要内容之一。过电流保护装置在满足基本“规范”的前提下，由于各制造厂商提供的形式不一样，还应该具体问题具体分析，下面介绍几种典型的设置形式和整定方法。

(一)保护的设置形式

发电机过电流保护装置(以下称保护装置)有两种主要的设置形式,即独立设置和断路器(以下称 ACB)附加设置。这两种作为保护都是独立的。另外在电站自动化设备如功率管理装置中也有设置,是自动系统中的功能,不是独立的。一般要求发电机的过流保护应不依赖其他系统而独立设置,除非这个系统不运行时仍具有保护功能。

独立设置的保护装置有两种:一种是过流保护,即只具有过流保护功能,另一种是综合保护,除过流保护外还具有发电机保护的其他功能。只具有过流保护功能的保护装置一般称为过流继电器。如丹麦赛尔科公司的 T2400 型三相双限过流继电器,可以设定两个过流动作值和两个输出;T2500 型三相过流和短路继电器,可用于过流两段保护。具有综合保护的保护装置如国内引进生产的 GENOP22S 和 GENOP23S 型发电机过载保护装置,它具有过流和逆功率保护功能。

附加在 ACB 上的保护装置,早期的 ACB 采用直接作用的电磁机构,如国产的 DW94 型 ACB,它采用钟摆延时机构,具有两段过流保护。目前都采用电子器件组成的独立保护装置。

除直接作用的电磁机构的保护装置外,发电机负载的电流信号都是从电流互感器(以下称 CT)二次侧取得,保护装置的动作电流值由 CT 的变比求得。独立设置的保护装置,输入电流信号是按 CT 的二次侧电流设计的,可以与任何一种容量的发电机配合。我国通用的二次侧电流是 5 A,国外有采用 1 A 的。在 ACB 上附加的保护装置,电流信号由 ACB 内部设置的 CT 的二次侧提供。CT 的选用有两种方式,即按发电机额定电流选取和按 ACB 电流选取。因此保护装置的动作值与发电机电流的配合有两种方式,以发电机额定电流为基准值和以 ACB 的框架电流为基准值。

(二)GENOP 23S 型发电机过流逆功率保护装置

这是一种独立设置的保护装置。

输入信号:发电机三相电流(5 A)(端子 1~6);

三相工作电压(380 V 或 100 V)(端子 7~9)。

输出信号:过流一级卸载 $I_1>$(一转换,端子 23~25);

过流二级卸载 $I_2>$(一转换,端子 26~28),

过流三级跳闸 $I_3>$(一转换,端子 29~31);

短路跳闸 $I_4\gg$(一转换,端子 29~31);

逆功率跳闸 $P\leftarrow$(一转换,端子 29~31);

电压监视 $U<$(一转换,端子 34~36);

逆功率信号 $P\leftarrow$(一开、一闭,端子 37~40);

短路信号 $I_4\gg$(一开、一闭,端子 41~44)。

接线图如图 6-3 所示。电流信号由外部 CT 提供,用作电流检测。端子 7,8 输入的线电压接入变压器 T_5,提供装置的工作电源和电压监视。变压器 T_5 的中心点作为人为中点,电压 U_W 从端子 9 输入,接至测量变压器 T_4 一端,另一端接人为中点,取得相电压 U_W,它与输入的相电流 I_W 提供逆功率测量信号。

装置设置三级过流动作输出,动作的整定范围是相同的,即额定电流(5 A)的 50%~135%。电站保护具有分级卸载功能的,$I_1>$ 和 $I_2>$ 的输出用来卸去非重要负载,在自动电

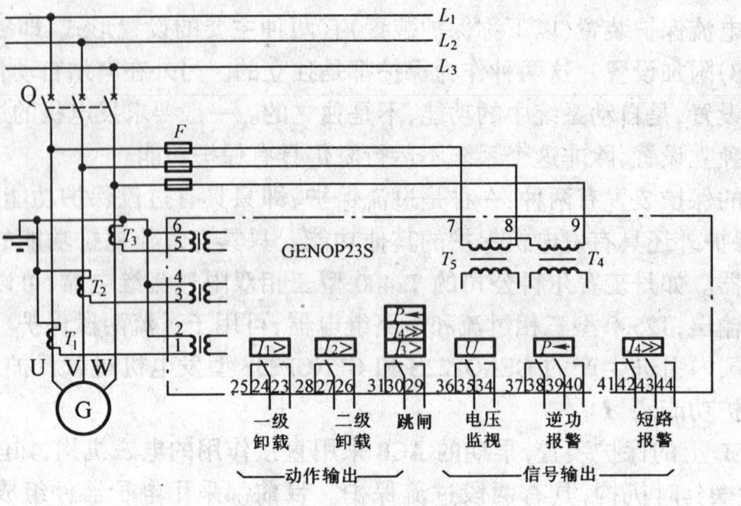

图 6－3　GENOP 23S 接线图

站中 $I_1>$ 的输出用来自动启动备用机组。$I_3>$ 输出跳闸，作为长延时保护。这三级过流动作的时间整定范围也是相同的，都是 5～60 s，但动作特性是相关的，三级过流动作值应整定为 $I_3>I_2>I_1$。负载电流在增加的过程中，I_1 先达到动作值，进入延时工作，到整定的时间动作输出。如果在延时的过程中，电流很快上升到 I_2 的动作值，甚至达到 I_3 的动作值，则 I_1 的延时不再是原来的整定值，而是固定的 5 s。同样，在 I_2 的动作延时期间，如果电流上升到 I_3 的动作值，I_2 的延时也不再是原来的整定值，而是固定的 5 s。

过流 $I_3>$、短路 $I_4\gg$ 和逆功率 P←的动作以同一个出口输出跳闸。短路 $I_4\gg$ 动作电流的整定范围是额定电流（5 A）的 100%～300%，延时整定范围是 0.1～0.6 s。

逆功率 P←所检测的是有功电流。要注意，有功电流只与电压和电流之间的相角有关，与电压大小无关；有功功率则是电压、电流和功率因数的乘积。考虑到电网电压是在额定范围内运行，额定电压下的有功电流是有功功率。动作电流的整定范围是额定电流（5 A）的 1%～20%，延时整定范围是 1～6 s。从原理接线可知是用单相电流和同相的相电压来测量有功功率，只有 I_W 与测功有关。码头试验时，为了在正功的情况下校验动作，可以对换电流 I_W 的接线。应注意，其他单相逆功率继电器如 DD－21 型，对换电流或电压接线都可以改变动作方向，而这个装置最好只对换电流接线。因为测功用的电压是相电压，中点在内部，容易搞错，如果要用改变电压来改变动作方向，需对换另外两个电压接线，即 GENOP 23S 的端子 7 和 8。

上述“动作输出”的触点容量较大，交流最大为 440 V/5 A，可以直接动作脱扣器一类的负载；“信号输出”的触点容量较小，交流最大为 60 V/0.5 A，只能用于信号电路，使用时应注意。

本装置必须有电压才能工作，无电压应发出报警信号，通知值班人员处理。装置设置电压监视 U，正常时动作，常闭触点（端子 35，36）断开，电压低或失压时闭合，发出报警信号。这里只监视电压的有无，不提供整定范围。电压监视不要与欠压保护混淆，另外两个信号输出是逆功率和短路。一般是采用模拟电流的方法进行调试，见后述的动作校核。

（三）AT型断路器的ARO－1S－AS型多功能保护装置

这是附加在ACB上的保护装置（以下称装置）。保护用CT的选择以发电机额定电流为基准值。

制造厂提供两种用途的保护：一种作为一般配电保护，一种作为发电机保护。在安装使用或修船更换时要注意，配电保护用的型号是ARO－1L－AS，发电机保护用的型号是ARO－1S－AS。装置用一个4位中央处理器（CPU）控制，具有自检功能，CPU有故障时会发出报警信号。

从保护功能看，它与AS型和AH型附加的AOJ－1S型过流脱扣装置一样，不同的是它具有显示和信号输出功能。

ACB内部设置的CT是按发电机额定电流选取的，在装置面板名牌上标出。例如发电机的额定电流是720 A，名牌表示为

基准电流（BASE CUR.）I_0:720 A

CT变比（CT RATING）/I_{ct}:800/5 A

1.功能设置

（1）长延时脱扣

脱扣始动电流I_1，按基准电流I_0的倍数整定，分NON，0.8，1.0，1.05，1.1，1.15，1.2和1.25共8级。刻度盘整定在NON上，表示此功能不设置。这种设置是其他形式ACB较少具有的，主要是用来在试验时关闭不试验的功能。

长延时具有反时限特性，延时随电流的增大而减小，要考核动作的时间特性需要确定一个电流考核值，考核这个值所对应的时间。装置的长延时电流考核值固定为$1.2I_1$，时间由刻度盘T_1设定，分15，20，25，30，40，50，60（s）共7级。

（2）短延时脱扣

脱扣始动电流I_2，按基准电流I_0的倍数整定，分NON，2，2.5，3，3.5，4，4.5和5共8级。刻度盘整定在NON上，表示此功能不设置，但负载电流达到510 A时短延时脱扣仍会动作，作为不设置时的安全功能。

短延时具有定时限特性，始动后延时时间与电流值无关，时间由刻度盘T_2设定，分80，160，240，320，400，480，560（ms）共7级。规范规定不得大于600 ms，考虑到与作为短延时脱扣的后备保护的欠压脱扣的配合，欠压脱扣延时一般大于0.5 s，所以短延时一般设在480 ms（0.48 s）。

发电机对短路的承受能力与电流的平方和电流持续的时间t有关，具有反时限特性，AT型断路器的后期产品在面板上增加了定时限和反时限的选择开关。开关上标有“I^2t通”和“I^2t断”。“通”表示具有反时限特性；“断”表示具有定时限特性。当短延时置“I^2t通”的位置时，动作的反时限（斜坡）特性与塑壳开关的热一电磁脱扣特性相似，用于发电机保护的装置，动作特性以500%基准电流动作，当短延时置“I^2t断”的位置时，按设定的定时限时间动作。

一般都用定时限，短延时应置“I^2t断”的位置。

（3）瞬时脱扣

脱扣始动电流I_3，按基准电流I_0的倍数整定，分NON，4，6，8，10，12，14和16共8级。刻度盘整定在NON上，表示此功能不设置，不工作。考虑到有可能在发电机运行时发生短路，也可能母线上已存在短路，在ACB刚合闸时发生短路电流，AT型断路器的后期产品在

面板上增加了“瞬时脱扣(INST)”和“接通脱扣(MCR)”选择开关，置“INST”位时执行瞬时脱扣；置“MCR”位时执行接通短路脱扣，ACB合闸后瞬动脱扣功能被取消。

一般都用瞬动脱扣，选择开关应置“INST”的位置。

(4)预先脱扣报警

预先脱扣报警(以下称预脱扣)的始动电流 I_P，按基准电流 I_0 的倍数整定，分0.75,0.8,0.85,0.9,0.95,1.0,1.05和1.1共8级。

预脱扣具有反时限特性，与 I_1 一样，动作的时间特性电流考核值固定为 $1.2I_1$，时间固定为10 s。我们注意到 I_1 的整定有NON这一级，设在这一级，$1.2I_1$ 似乎没有意义。装置设计已考虑到，在这种情况下，电流考核值自动转变为 $1.2I_0$，延时仍固定在10 s。

AT型断路器的后期产品始动电流的整定与原来一样，但时间不是固定的，由使用者设定。分5,10,15,20,25,30,35,40,45(s)共9级。动作的时间特性的电流考核值固定为 $1.2I_P$，不依赖 I_1。

(5)动作显示

这种面板上设有保护动作的指示灯，指示如下：

①长延时始动(标PICK UP LTD)　负载电流达到 I_1 时灯亮，表示已进入长延时反时限动作区；

②预先脱扣始动(标PICK UP LTD)　负载电流达到 I_P 时灯闪烁(与长延时公用一个灯，以亮和闪区分)；

③长延时脱扣(标LTD)　长延时始动后，延时达到与某一大于 I_1 值所对应的时间时，ACB脱扣跳闸，灯亮；

④短延时/瞬动脱扣(标TRIP STD/INST)　短延时或瞬动引起ACB脱扣跳闸，灯亮；

⑤中央处理器异常(标ALARM CPU)　在中央处理器异常时，灯亮。

(6)动作信号输出

保护动作后装置可用触点信号输出，供自动系统处理。输出采用单极控制的方式，即所有触点一端连接电源一极，另一端接对应的中间继电器，所有中间继电器一端接电源另一极，端子接线如图6-4所示。

保护装置的保护功能可以无需借助外部电源是这类装置的特点。如果附加显示和动作信号输出功能，必须提供外部工作电源。装置的设计可以适应各种电源。电源的接线端子安排，初期产品和后期稍有不同。初期产品的端子有5个，即

交流电源：S0-S1 100 V~125 V

　　　　　S0-S2 200 V~250 V

直流电源：Sp-Sn(-) 24 V

　　　　　Sp-Sn(-) 100 V~125 V

　　　　　Sp-Sn(-) 200 V~250 V

后期产品的端子有3个，即

直流电源：Sp-S0(-) 24 V

交流或直流电源：Sl-S0(-) 100~250 V

要注意，不管是几个端子，对外接线来说只有19,20两个，内部接线是根据用户订货所要求的电压连接的。后期产品内部的工作电源采用“开关型稳压电源”，输入电压无需变压

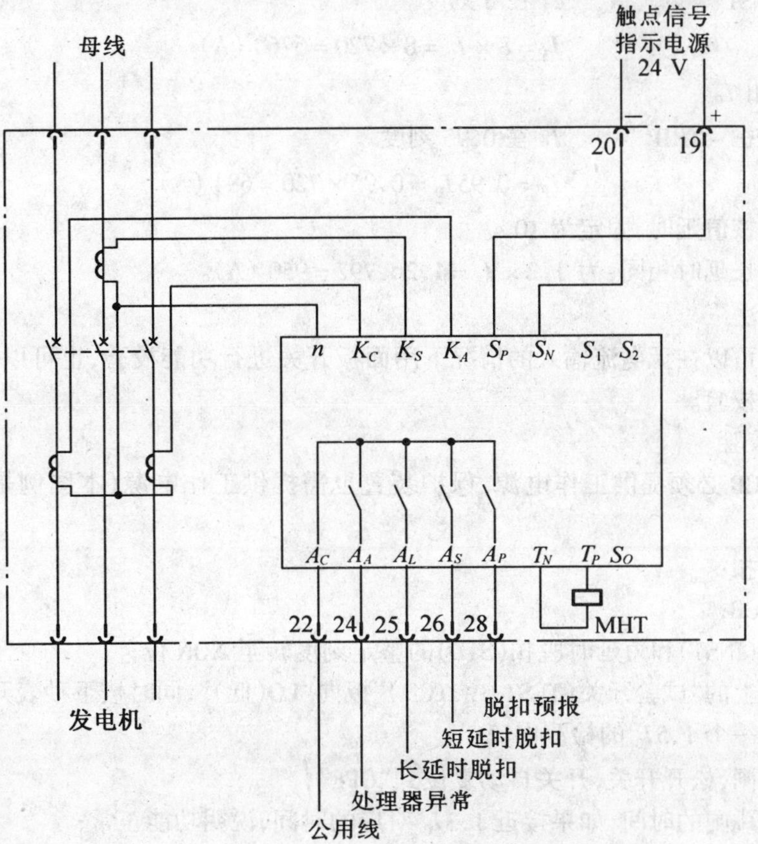

图6-4 ARO-1S-AS型多功能保护装置接线图

器，通过整流桥直接输入，因此交、直流可直接输入，并可在很广的电压范围内工作。图6-4是24 V，在自动电站中直流24 V由蓄电池提供。

2. 整定值计算

这种ACB的保护装置用的CT是按发电机额定电流选取的，各保护整定值直接按要求计算。动作整定计算与CT变比无关，现以 $I_0 = I_N = 720$ A为例。

(1)长延时脱扣 I_1

整定LTD　　I_1 在1.1刻度

即　　$I_1 = 1.1I_0 = 1.1 \times 720 = 792$ (A)

长延时考核值

整定延时　　T_1 在30 s刻度

考核值为　　$1.2 \times I_1 = 1.2 \times 792 = 950$ (A)

(2)短延时脱扣 I_2

整定STD　　I_2 在2.5刻度

即　　$I_2 = 2.5I_0 = 2.5 \times 720 = 1\,800$ (A)

整定延时　　T_2 在0.48 s刻度

(3)瞬动脱扣 I_3

整定 INST　　　　I_3 在 8 刻度

即　　　　$I_3 = 8 \times I_0 = 8 \times 720 = 5760$ (A)

(4)预脱扣 I_P

整定 PRE - TRIP　　　　I_P 在 0.95 刻度

即　　　　$I_P = 0.95I_0 = 0.95 \times 720 = 684$ (A)

预脱扣考核值延时,固定为 10 s。

考核值与长延时相同,为 $1.2 \times I_1 = 1.2 \times 792 = 950$ (A)。

3.校验方法

保护装置可以在无电流输入的情况下用面板开关进行功能校验,也可以输入模拟电流进行动作特性校验。

(1)功能校验

校验时 ACB 必须提供工作电源,保护装置也需提供工作电源(本图例是 24 V 直流电源)。

长延时脱扣:

①合上 ACB;

②把瞬动(INST)和短延时脱扣(STD)的整定刻度转至 NON 位;

③把面板上的"试验开关(TEST SWITCH)"扳向"LO(低)",同时按下秒表开始计时,这时装置本身提供一个 $1.5I_0$ 的检测电流;

④ACB 跳闸,松开开关,开关自动复位到"OFF";

⑤计时到跳闸的时间,如果接近 $1.3I_0$ 对应的时间,说明功能正常;

⑥在跳闸之前,预脱扣报警应动作输出;

⑦把瞬动和短延时恢复到原来整定位置。

短延时脱扣:

①合上 ACB;

②把瞬动(INST)的整定刻度转至 NON 位;

③把面板上的"试验开关(TEST SWITCH)"扳向"HI(高)",这时装置本身提供一个 $16I_0$ 的检测电流,ACB 稍延时跳闸,说明功能正常;

④ACB 跳闸后,松开开关,开关自动复位到"OFF";

⑤把瞬动恢复到原来整定位置。

瞬动:

①合上 ACB;

②把面板上的"试验开关(TESTSWITCH)"扳向"HI(高)",这时装置本身提供一个 $16I_0$ 的检测电流,ACB 立即跳闸,说明功能正常;

③ACB 跳闸后,松开开关,开关自动复位到"OFF"。

(2)动作特性校验

校验是采用模拟 CT 二次侧电流输入装置的方法。

①动作模拟值计算

通过整定值计算得到如下数据:

长延时脱扣 $I_1 = 792$ (A)

长延时 $T_1 = 30$ s

考核值 $1.2 \times I_1 = 950$ (A)

短延时脱扣 $I_2 = 1\ 800$ (A)

短延时 $T_2 = 0.48$ s

瞬动脱扣 $I_3 = 5\ 760$ (A)

预脱扣 $I_P = 684$ (A)

延时固定 $T_P = 10$ s

考核值 $1.2 \times I_1 = 950$ (A)

试验模拟电流 I_t 按下式计算

$$I_t = (I/I_{CT1}) \times 5$$

式中 I——整定值 I_1, I_2, I_3 和 I_P,对应的 I_t 为 I_{1t}, I_{2t}, I_{3t} 和 I_{pt};

I_{CT1}——CT一次侧额定电流;

5——CT二次侧额定电流。

已知:$I_{CT1} = 800$ A,则

长延时脱扣 $I_1 = 792$ (A)　　$I_{1t} = 5 \times (792/800) = 4.95$ (A)

考核值 $1.2I_1 = 950$ (A)　　$1.2I_{1t} = 5 \times (950/800) = 5.94$ (A)

短延时脱扣 $I_2 = 1\ 800$ (A)　　$I_{2t} = 5 \times (1\ 800/800) = 11.25$ (A)

瞬动脱扣 $I_3 = 5\ 760$ (A)　　$I_3 = 5 \times (5\ 760/800) = 51.84$(A)

预脱扣 $I_P = 684$(A)　　$I_{pt} = 5 \times (684/800) = 4.27$(A)

考核值 $1.2I_1 = 950$(A)　　$1.2I_{1t} = 5 \times (950/800) = 5.94$(A)

②动作校验

校验电路如图6-5所示。单相自耦变压器 T 提供信号电流,S_1 是电源开关,按图6-5接线。如果在ACB的发电机侧有电,则应把ACB抽出到试验位置。

长延时和预脱扣的始动用同一个指示灯"PICK UP LTD"显示,长延时始动时灯亮,预脱扣始动时灯闪烁。长延时的动作输出是跳闸,预脱扣的动作输出以外接中继的动作反应,或卸载动作反应。

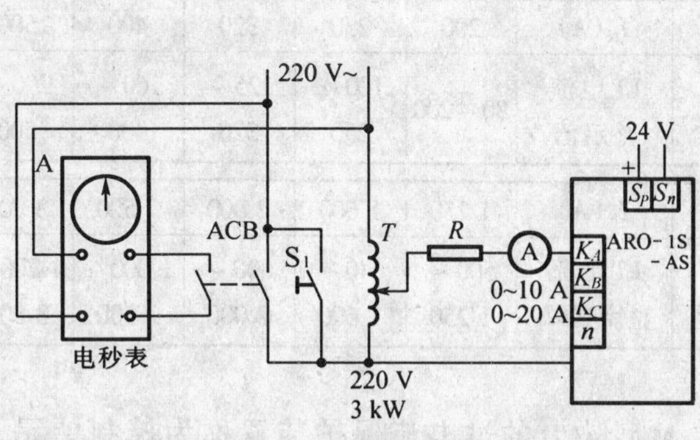

图6-5　动作特性校验接线图

试验时先合闸。接通电源开关 S_1,调节 T 把模拟电流调节到 $I_{pt} \geqslant 4.27$ A,指示灯闪烁,再把模拟电流升到 $I_{1t} \geqslant 4.95$ A,灯亮,按下秒表计时,立即把电流升到 $1.2I_{1t} \geqslant 5.94$ A,等待动作。预脱扣应先动作输出,记下时间;长延时动作跳闸,记下时间。立即把电流降到零,前一个时间应为10 s左右;后一动作应为30 s左右,说明动作正常。有电秒表时可以采用下述的计时方法。

短延时的延时时间很短,用按秒表的方法很难准确计时,可采用电秒表测量。用两副

ACB 辅触点或用中继扩展的触点按图 6－5 连接，一副控制 T 的电源，一副控制电秒表动作。

在 ACB 未合闸的情况下预先调节到动作电流，为此先合上 S_1，用 T 调节电流，使 $I_{2t} \geqslant 11.25$ A，并保持 T 在此位置，关断 S_1。

使 ACB 合闸，ACB 辅触点一方面接通 T，把 $I_{2t} \geqslant 11.25$ A 输入装置，另一方面接通电秒表开始计时。跳闸后，计时停，表上的读数即延时时间。如果读数在 480 ms 左右，则说明动作正常。

瞬动所需的电流很大，尽管可以按上述方法调试，但因允许通电的时间很短，难以控制，所以一般只用装置本身提供的功能试验校验。

上述校验用的模拟电流数据是为了与计算数据相对应，实际校验时，小数点后的数可四舍五入。

（五）M 系列断路器的 STR58U 型通用保护装置

M 系列断路器是法国梅兰日兰（MERLIN GERIN）公司生产的 Masterpact 空气断路器。它的过电流保护装置与日本峙崎公司生产的 AH 和 AT 系列 ACB 一样，是附加在 ACB 上的。不同的是提供电流信号的电流互感器（即 CT）的设置。AH 的 CT 是根据用户提供的额定工作电流选用设置的；M 是根据 ACB 框架额定电流固定设置的。作发电机过流保护时，AH 是以发电机额定电流为基值，按过流倍数整定，比例大于 1，与实际要求的动作倍数一致，容易理解；M 是以 ACB 框架电流为基值，先得出发电机额定电流与框架电流的比例，再按过流倍数整定，比例小于 1，不够直观。

M 系列 ACB 框架电流的适应范围较宽，从 $0.4 \sim 1I_N$。例如 1 600 A 的 ACB，其框架电流可以从 640～1 600 A。在这个电流范围内用，它的 CT 的一次侧电流都是同一个框架电流即 1 600 A。制造厂用 I_N 表示框架的额定电流，也就是 CT 一次侧的额定电流，用 I_r 表示长延时过流保护的整定值。长延时用缩写 LT（Long Time）表示。I_N 与 I_r 的适用范围如表 6－1。

表 6－1　CT 的设置与长延时动作整定值范围

1	I_N(A)	200	250	320	400	500	600	630	800	1 000	1 200
2	LT 电流整定值	80～200	100～250	125～320	160～400	200～500	240～600	250～630	320～800	400～1 000	480～1 200
1	I_N(A)	1 250	1 600	2 000	2 500	3 000	3 200	4 000	5 000	6 000	6 300
2	LT 电流整定值 I_r	500～1 250	640～1 600	800～2 000	1 000～2 500	1 200～3 000	1 260～3 200	1 280～4 000	2 000～5 000	2 400～6 000	2 500～6 300

M 型 ACB 的过电流保护装置称为控制单元，它有多种型号，作为发电机保护的有 STR58U 和 STR68U 通用型保护控制单元，下面主要介绍 STR58U。

1. 长延时动作值的整定

M 型 ACB 的保护整定值有两个依据，发电机额定电流 I_{GN} 和 ACB 框架额定电流 I_N。取长延时始动值 $I_r = 1.1I_{GN}$。为了配合 I_r，在 $0.4 \sim 1I_N$ 范围内进行调节，过流保护的控制单元上有两个整定钮，一个是 I_N 的比例值 I_0 的比例系数 K_1，另一个是 I_0 的比例值 I_r 的比例

系数 K_2。比例系数的整定采用阶段整定，$K_1 = 0.5, 0.63, 0.8, 1.0$ 共 4 级，$K_2 = 0.8, 0.85, 0.88, 0.9, 0.92, 0.95, 0.98, 1$ 共 8 级，其关系为

$$I_r = K_2 I_0; \qquad I_0 = K_1 I_N$$

$$I_r = K_1 K_2 I_N$$

$$I_r = K I_N (K = K_1 K_2)$$

长延时保护动作值的整定可以先确定 I_r，I_r 取 I_{GN} 的 K_r 倍，然后根据 I_N 来选取 K_1 和 K_2。从阶段整定的级数看，可以把取 K_1 作为粗选，把取 K_2 作为精选。

选取程序如下：

已知 I_N，I_{GN}

①确定 I_r　　$I_r = K_r I_{GN}$

一般取 $K_r = 1.05, 1.1, 1.15$

②求 K　　$K = I_r / I_N$

③取 K_1 按 K 的值取接近的刻度值

④求 K_2　　$K_2 = K / K_1$

例 1　已知 $I_N = 1\,600$ A，$I_{GN} = 1\,170$ A

①确定 I_r　　$I_r = K_r I_{GN}$

取 $K_r = 1.1$

$I_r = 1.1 I_{GN} = 1.1 \times 1\,170 = 1\,287$(A)

②求 K

$K = I_r / I_N$

$K_1 K_2 = 1\,287 / 1\,600 = 0.8$

③取 K_1 按 K 的值取接近的刻度值

($K_1 = 0.5, 0.63, 0.8, 1.0$)

取 $K_1 = 0.8$

④求 K_2　$K_2 = K / K_1$

$K_2 = 0.8 / 0.8 = 1$

($K_2 = 0.8, 0.85, 0.88, 0.9, 0.92, 0.95, 0.98, 1$)

在此例中，如果取 $K_1 = 1$，则 $K_2 = 0.8$。

由此也可以看出，如果得出的 $K \geqslant 0.8$，只要取 $K_1 = 1$，然后再求取 K_2；如果得出的 $K \leqslant 0.8$，就必须求两个值。

例 2　　已知：$I_N = 1\,200$ A，$I_{GN} = 720$ A

①确定 I_r　　$I_r = K_r I_{GN}$

取 $K_r = 1.1$

$I_r = 1.1 I_{GN} = 1.1 \times 720 = 792$(A)

②求 K

$K = I_r / I_N$

$K = 792 / 1\,200 = 0.66$

③取 K_1 按 K 的值取接近($\geqslant 0.66$)的刻度值

$(K_1 = 0.5, 0.63, 0.8, 1.0)$

取 $K_1 = 0.8$

④求 K_2　　$K_2 = K/K_1$

$K_2 = 0.66/0.8 = 0.825$

取 $K_2 = 0.85$

$(K_2 = 0.8, 0.85, 0.88, 0.9, 0.92, 0.95, 0.98, 1)$

实际的 $I_r = K_1 K_2 I_N = 0.8 \times 0.85 \times 1\,200 = 816(A)$

实际的 $K = I_r / I_{GN} = 816/720 = 1.13$

此例也可以取 $K = 1.05$，可求得 $K_1 = 0.63, K_2 = 1$。

2.长延时时间整定

控制单元上设有时间整定钮 t_r，有6级阶段整定15,30,60,120,240,480(s)。下面标有"at $1.5I_r$"，表明这一组时间值是在 $1.5I_r$。也就是说M型ACB的反时限是用 $1.5I_r$ 作为整定点。这和AH型ACB用 $1.2I_1$ 作为反时限的整定点的意思是一样的，只是用的点不同而已。

在6级阶段整定中，15 s这一级，当电流在 $1.0 \sim 1.5I_r$ 范围内时，延时时间在15～30 s之间。作为发电机保护可以整定在15 s这一级上。

3.短延时保护的整定

M型ACB的短延时动作电流用 I_m 表示，延时时间用 t_m 表示。I_m 取 I_r 的倍数，即 $I_m = K_3 I_r$，$K_3 = 1.5, 2, 3, 4, 6, 8, 10$ 共8级。

海规建议取在 $2.0 \sim 2.5I_{GN}$，而 $I_r = 1.1I_{GN}$，可取 $K_3 = 2$，实际得到的 $I_m = 2I_{GN}$。

考虑到发电机对短路的承受能力与电流的平方(I^2)和电流持续的时间(t)即 I^2t 有关，具有反时限特性。STR58U控制单元提供定时限和反时限两种选择。接通(ON)I^2t 的作用，具有反时限特性；断开 I^2t 的作用，具有定时限。一般船舶发电机的过流短延时保护只考虑定时限。

这里 tm 提供(I^2t)ON和(I^2t)OFF两种情况下的延时，ON有3级，0.1,0.2,0.3(s)；OFF有4级，0.1,0.2,0.3,0.4(s)，一般用OFF 0.4 s。

4.瞬动保护的整定

M型ACB的瞬动保护动作电流用 I 表示。I 取 I_N 的倍数即 $I = K_4 I_N$，$K_4 = 2, 4, 8, 12, 14, 18, 22$，MAX共8级。

这里采用框架电流 I_N，而 I_N 总是大于 I_r，一般可选用 $K_4 = 4$。

5.负载监视

控制单元可以附加两级负载监视功能，用 I_{C1} 和 I_{C2} 表示。按 I_r 的比例阶段整定，这里把比例系数用 K_5 和 K_6 表示。K_5 分0.8,0.85,0.86,0.9,0.93,0.95,0.98,1共8级，K_6 分0.5,0.6,0.7,0.8,0.85,0.9,0.95,1共8级。可用作分级卸载或启动备用机组。

例如设计要求负载在发电机额定电流 I_{GN} 为0.9时启动备用机组，0.95时卸去次要负载。当取 $I_r = 1.1I_{GN}$ 时

$$K_5 = 0.95/1.1 = 0.86$$

$$K_6 = 0.9/1.1 = 0.8$$

即

$$I_{C1}=0.86I_r=0.95I_{GN}$$

$$I_{C2}=0.8I_r=0.9I_{GN}$$

动作延时是固定的。I_{C1}延时是 I_r 长延时的一半，I_{C2}延时是 I_r 长延时的四分之一。

M 型断路器的控制端子接线如图 6-6 所示，上面的器件分三部分。

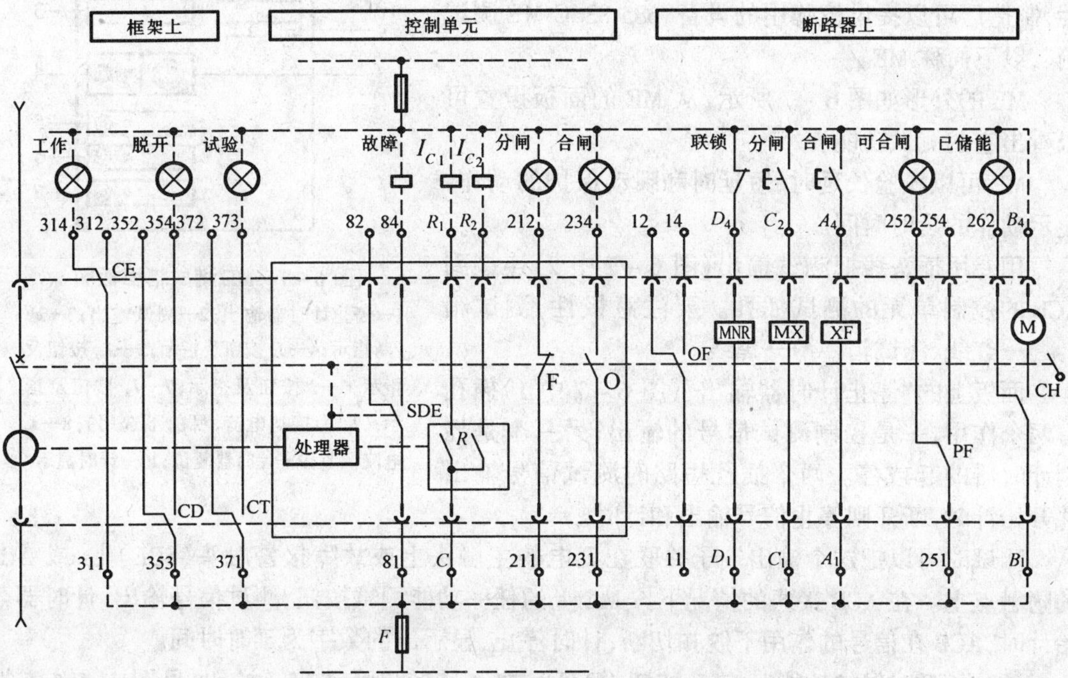

图 6-6　M 型断路器端子接线图

CE—"工作"位置触头(4 转换)；CD—"脱开"位置触头(2 转换)；CT—"试验"位置触头(1 转换)；SDE—故障跳闸触头(1 转换)；F—辅触头(2 常闭)；O—辅触头(2 常开)；OF—M 触头(4 转换)；PF—可合闸信号触头(1 转换)(ACB 断，已储能，无闭锁)；CH—已储能信号触头(1 转换)；M—储能电动机；MNR—带延时欠压脱扣线圈；MX—分励脱扣线圈；XF—合闸线圈；R—负载监视及控制

框架上的断路器位置开关，用来表示 ACB 的位置，表示插入在工作位置的触点 CE 有 4 转换(图上只画一组)，在外部接一指示灯，灯亮表示在工作位置；表示拉出在脱开位置的触点 CD 有 2 转换(图上只画一组)，在外部接一指示灯，灯亮表示拉出在脱开位置；表示拉出在试验位置的触点 CT 有 1 转换，在外部接一指示灯，灯亮表示拉出在试验位置。

控制单元内的器件，有微处理器，接受 CT 输出的负载电流信号，按整定值发出跳闸信号，跳闸后故障触点 SDE 动作，带动外部继电器动作报警，或按整定值发出负载监视信号 I_{C1} 和 I_{C2}，使外部继电器动作(图中未表示)，用作如上述的"启动机组"和"分级卸载"。ACB 的辅触点，2 常开 O 和 2 常闭 F，输出表示 ACB 的分、合闸状态。

断路器上有欠压脱扣线圈 MNR、分励脱扣线圈 MX、合闸线圈 XF 分别由外部开关控制；合闸储能电动机 M 由位置开关 CH 控制，储能后断开，接通外部指示灯；在 ACB 分断、合闸机构已储能且无闭锁时，可合闸信号触点 PF 接通外部"可合闸"信号灯或中继继电器。

注意，在控制单元的最上方有一个按钮灯，标有"push to reset"，是"按下复位"的意思。发生故障跳闸时，按钮灯亮，合闸操作被闭锁，必须按复位按钮才能进行再次合闸操作，以防止在故障的情况下重复合闸操作。

6.功能校验

按上述计算和要求整定后，控制单元已能实现保护要求。这种控制单元无法用模拟 CT 二次侧电流的方法进行校验。为了校验保护动作的可靠性和正确性，制造厂可以提供校验用的设备“685 836C ME 测试箱”，以下简称 ME。

ME 的外形如图 6－7 所示，从 ME 的面板设置可以看出它的测试功能。

ME 可以校验长延时、短延时和瞬动保护的动作，显示动作的延时时间。

用专用插头线把测试输出（图 6－7 中 2）连接到 ACB 的控制单元的测试插孔。要注意极性，测试箱（+）→红线，测试箱（－）→黑线。

面板上的“停止计时器输出”（图 6－7 中 1）插孔有两个作用，一是控制测试信号的输出；另一个是控制计时器的起或停。两个插孔短路时测试信号输出并开始计时，断开则停止信号输出和计时。

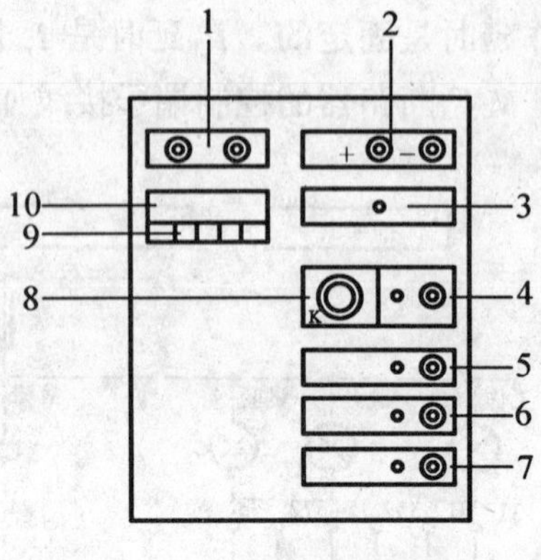

图 6－7　ME 测试箱面板图

1—停止计时器输出；2—测试输出；3—通/断指示；4—I_r 按钮及指示；5—I_m 按钮及指示；6—I 按钮及指示；7—I_h 按钮及指示；（I_h 为接地电流，目前不选用）；8—I_r 电流调节；9—计时器复位；10—计时显示

测试时可以把这个输出端子并联在无电的主触头上或故障报警触头（SDE）上，或 ACB 的附触点上。在 ACB 接通的情况下按 ME 上的任一功能测试按钮，测试信号输出，计时器开始计时，ACB 在信号的作用下脱扣切断，计时停止，显示出的数字为延时时间。

校验长延时保护功能时按 I_r 按钮，短延时按 I_m 按钮，瞬动按 I 按钮，见图中 4，5，6 按钮。

计时显示器显示的数字为毫秒（ms），即 1 s = 1 000 ms。一次校验后，计时器显示的数字被保留，如果不清除，再一次校验计时会叠加上去。校验后应按计时器下的复位按钮（图 6－7 中 9），使显示器回零。

输出的测试信号除 I_r 可调外，I_m 和 I 都是固定的。

I_r 由面板上的电流调节旋钮（图 6－7 中 8）设定，当设定的比例数 K 与 ACB 控制单元上的 I_r 和 I_0 的比例数的乘积 K_1K_2 相等时，输出的电流信号相当于 $2.1I_r$。

I_m 的输出为一固定值，$5.4I_N$，持续 1.2 s，用来校验短延时；I 的输出也为一固定值，3.6 A，持续 10 ms，用来校验瞬动。

用 ME 校验时应按前述方法接好线，按计算数据整定各功能整定钮的比例值。校验时应先设定 ME 面板上 I_r 的电流调节旋钮 K，它应等于 ACB 控制单元上的 I_r 和 I_0 的比例数的乘积，即 $K = K_1K_2$。

例 1 中 $K_1 = 1$，$K_2 = 0.8$，则 $K = K_1K_2 = 0.8$。例 2 中 $K_1 = 0.8$，$K_2 = 0.85$，则 $K = K_1K_2 = 0.68$。

按计算得到的 K 值设定后，ME 输出的 I_r 模拟电流信号相当于 $2.1I_r$。

ME 的输出与 ACB 触头和控制单元连接好后，就可以按前述方法进行功能校验。需要讨论的是对 t_r 的考核。t_r 的整定刻度值是指 $1.5I_r$ 时的时间，而输入的模拟电流是 $2.1I_r$。

正确的时间值应是多少呢?

制造厂对 STR 58 控制单元提供了下面的数据:

1. $5I_r$	2. $1I_r$
$t_r = 15$	4 s→10 s
$t_r = 30$	9 s→20 s
$t_r = 60$	18 s→40 s
$t_r = 120$	35 s→80 s
$t_r = 240$	75 s→160 s
$t_r = 480$	150 s→315 s

数据表明,t_r 在选定的 $1.5I_r$ 的设定值下,$2.1I_r$ 测试电流的脱扣延时允许时间范围。测试箱显示的数据只要在这个范围内,且三次测试的数据基本一致,就认为是正确的。实际测试数据表明,测试数据一般在 $t_r/2$ 左右,即 t_r 的一半,对应的数据是 7.5,15,30,60,120,240(s)。

四、船舶电网单相接地监视和绝缘检测

对于中性点绝缘的三相三线制船舶电网,用绝缘指示灯(俗称地气灯)监视单相接地,用专用盘式兆欧表检测电网绝缘电阻。

(一)单相接地监视

三相绝缘系统如果发生单相接地,虽然不影响三相电压的对称也不影响用电设备的正常工作,但存在两种隐患:一是增加了人体触电的危险性,当人体触及带电体时,使人体通过接地相直接与线电压构成导电回路;二是如果另外一相再发生接地便造成线间短路的危险性。因此对单相接地必须监视,及时发现并予以消除。通常用绝缘指示灯监视,其原理如图 6-8 所示。正常情况下 L_1,L_2,L_3 三个相同的指示灯同样亮,若某相接地则该相灯熄灭,其余两相灯由于承受线电压而特别亮。

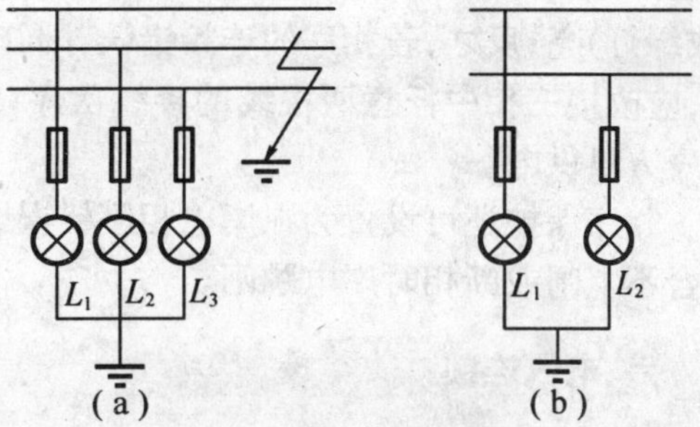

图 6-8 绝缘指示灯
(a)三相交流;(b)直流

(二)绝缘检测

可以通过配电盘式兆欧表和电网绝缘监视仪实时监视电网的绝缘状态。一旦电网的绝缘降低,电网绝缘监视仪将发出声光报警信号,这时应立即查找原因尽早处理,使电网的绝缘电阻恢复到正常值,以免造成短路故障。

配电盘式兆欧表(在线式兆欧表)测量电路如图 4-9 所示。

五、接用岸电的相序保护

当船舶靠岸或进坞修理时,有时需要接用陆上的电源,即接用岸电。岸电通过岸电箱引入船舶电网。

(一)对岸电箱的要求

箱内应设有能切断所有绝缘极(相)的自动开关,并有岸电指示灯。设有与船体连接的接地线柱,以便与岸电的接地或接零装置连接。应设有监视岸电极性(直流)和相序(交流)的措施。

(二)接用岸电的注意事项

(1)岸电的基本参数(电制、额定电压、额定频率)与船电系统参数必须一致才能接用。

(2)岸电接入的相序必须与船电的一致,否则三相电动机将反转。必须是对称三相电,即不能缺相。

(3)三相四线制岸电的地线或零线必须用电缆引入岸电箱的船体接线柱上。

(4)确认船舶电网已确实无电后才能将岸电与船舶电网接通。

(三)相序的监视与保护

用相序指示器检测和指示岸电的相序,用逆序继电器对岸电的相序和缺相进行保护。

为确保接用的岸电相序正确,通常用相序指示器(或叫相序测定器)来检测岸电的相序。相序指示器由一个电容器和两个指示灯(一红一白)星形连接组成,如图 6-9 所示。两个灯的灯丝电阻相等,并等于电容的容抗 X_C,由于是星形连接无中线的不对称负载三相电路,故两个灯和电容的三个相电压不对称。若接用岸电的相序正确,相序指示器的白灯(或绿灯)亮;反之,若相序的连接错误,则红灯亮。当红灯亮时,应改接三相中任意两根线的接线次序,纠正岸电连接的相序方可供电。

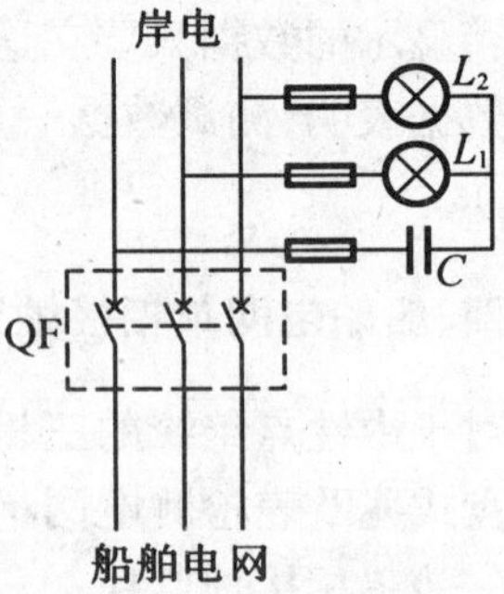

图 6-9　相序指示器

相序保护还可设置为在岸电相序错误或缺相时,逆序(或称负序)继电器动作,使岸电开关合不上闸或断相时岸电跳闸。

六、电气连锁

应急配电盘由独立馈线经联络开关与主配电盘连接,可看作是主电网的一个组成部分。应急电网平时可由主配电盘供电,只有当主电源失电时,联络开关才自动断开,由应急发电机组独立供电。

(一)应急电源与主电源之间的电气连锁

为防止发生应急电源和主电源非同步并联投入供电,故要求在应急发电机和主发电机之间应有连锁控制环节,即当主发电机正常供电时,自动断开应急发电机的自动启动电路,使应急发电机不能自动启动运行。一旦主电网失电,应急发电机组的自动启动装置经延时确认是持续断电,则在 30 s 内应急发电机自动启动,并自动合闸投入供电。并禁止通过联络开关向主配电盘供电,因此只有联络开关处于断开状态应急发电机的自动开关才能合上闸。当主发电机恢复供电时,应急发电机自动跳闸,然后自动(或手动)停机。图 6-10 为其连锁电路,KA 为连锁继电器。当主发电机供电时,其主开关 QF 的常开辅触头闭合,KA 线圈有电,KA 常闭触头断开,使应急发电机的自动启动装置不能工作,并断开应急发电机主开关的失压线圈电路,使其不能合闸。只有主电网完全失电后应急发电机才能自动启动及合闸。

(二)船电与岸电之间的电气连锁

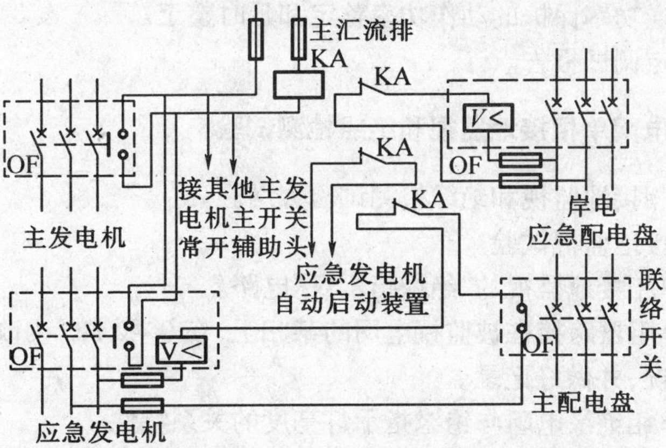

图 6-10　主、应急发电机和岸电间的电气连锁

为避免船舶电网供电接入岸电时发生非同步并联事故，所有船舶发电机（包括应急发电机）的主开关与岸电开关之间有连锁保护。只要有船舶发电机供电，岸电开关自动跳闸或岸电开关合不上闸。其电气连锁关系如图 6-10 所示。

（三）小应急电源与主发电机、应急发电机之间的连锁

当主电源失电，小应急电源立即自动投入向小应急照明供电，直至应急发电机组投入供电或主发电机恢复供电时小应急电源自动退出，如图 6-11 所示。其连锁环节实际上是，所有主发电机、应急发电机的电源主开关辅助常闭触点的串联形式，来作为 KM 接触器得电动作的条件。其逻辑关系是，当主、应急电网都失电的情况下，接触器 KM 得电，其常开主触头闭合直接向小应急用户供电，只要有主发电机或应急发电机合闸供电，小应急电源即刻自动退出。

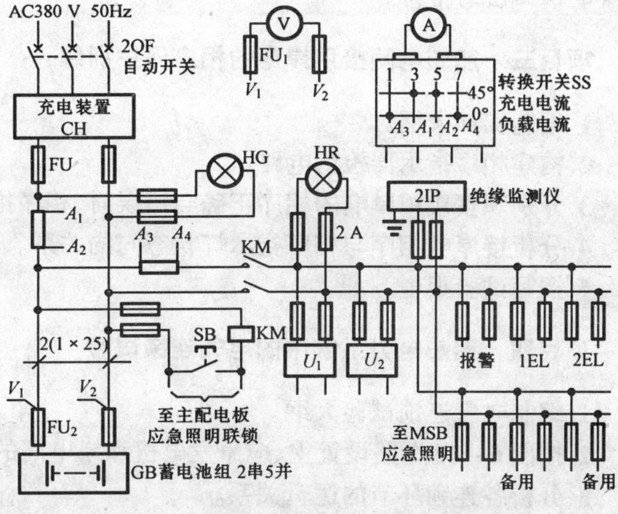

图 6-11　应急蓄电池充放电板原理图

第三部分　技能训练

项目一　船舶发电机的外部短路保护、过载保护、欠压保护和逆功率保护的整定

1. 编制各保护整定调试大纲。
2. 计算或核实各保护整定值。
3. 进行发电机外部短路保护的动作电流整定和延时整定。
4. 进行发电机过载保护的动作电流整定和延时整定。

5.进行发电机欠压保护的动作电压整定和延时整定。

6.进行发电机逆功率保护的动作功率整定和延时整定。

7.撰写保护整定调试报告。

项目二　船舶电网单相接地监视和绝缘检测试验

1.编制电网单相接地监视和绝缘检测试验大纲。

2.做电网单相接地监视试验。

(1)构建电网单相接地监视的“绝缘指示灯”电路。

(2)用一可变电阻器跨接在被监视电网的某相上,在 0~2 MΩ 内改变其电阻值,观察绝缘指示灯的变化情况,并做好记录。

(3)分析电网单相绝缘电阻与绝缘指示灯亮度的关系特性。

(4)填写试验结论。

3.用盘式兆欧表做电网监视试验。

(内容同 2)

4.撰写试验报告。

项目三　船舶电网接用岸电的相序保护训练

1.编制实训大纲。

2.构建相序指示器检测电路。

3.分别观察接用岸电的相序正确与错误时,相序指示器的指示灯的状态。

4.分析接岸电相序与相序指示灯状态间的关系。

5.撰写试验报告。

项目四　船舶电力系统中的电气连锁试验

1.编制电气连锁试验大纲。

2.按图 6-10 电路设置主、应急发电机和岸电间的电气连锁。

3.分析各连锁环节的逻辑关系。

4.试验各电气连锁功能。

5.撰写试验报告。

技能训练七　船舶发电机电压调整装置的调试

第一部分　教学要求

船舶电站的主电源和应急电源通常是交流同步发电机，船舶电力系统的电压质量对于系统安全、可靠和优质的运行至关重要。因此，发电机组都要配备电压调整装置，以满足电压质量的要求。而对发电机的电压调整装置进行调试，使其具备良好的品质特性就具有十分重要的意义。

一、目的要求

1.通过四绕组不可控自激恒压装置的安装调试，掌握发电机电压调整装置的调试内容。
2.掌握发电机电压调整装置调试的基本方法。

二、工具器材

1.个人电工工具一套（试电笔、电工工具套、电工刀、起子、钢丝钳、活动扳手）。
2.万用电表、钳形电流表、兆欧表。
3.发电机组、断路器。
4.主配电板、四绕组不可控自激恒压装置。

三、教学节奏与方式

序号	项　　目	时间安排	教学内容
1	阅读教材	课余	自学、查资料
2	教师讲授	0.5课时	①发电机电压调整装置的调试内容； ②电压调整装置的调试方法； ③故障排除
3	学生实作	5.5课时	①发电机组的自励起压，查找交流同步发电机不能建压的原因； ②发电机组的负荷试验； ③发电机组电压调整率（静态和动态）的调整及特性试验

四、成绩评定

技能训练成绩：　　　　　　教师签名：　　　　　　时间：

第二部分　知识要点

交流发电机的调压器基本有三种：

(1)按扰动量进行调节　有不可控相复励自动恒压装置，其动态特性较好；

(2)按负反馈量进行调节　有碳阻调压器、可控硅励磁装置，其具有较高的调压精度；

(3)按复合量进行调节　有可控相复励系统和带电压校正器的相复励系统，具有上述两种的优点。

目前，不可控相复励自激恒压装置被广泛采用，而发电机组的调试主要体现在调压装置的调试上，下面以此为例进行分析说明。

一、四绕组不可控自激恒压装置工作原理

这类调压器由于结构简单，维护方便，动态特性较好，当前船舶上使用较多，其线路结构如图7-1所示。

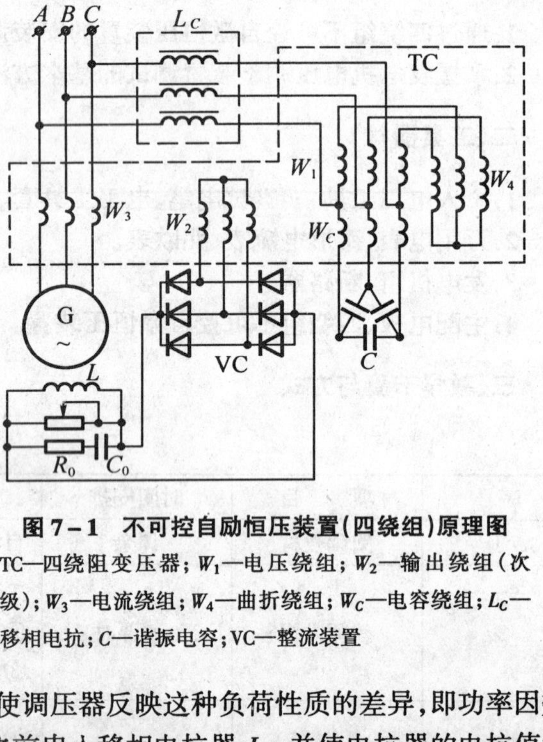

图7-1　不可控自励恒压装置(四绕组)原理图

TC—四绕阻变压器；W_1—电压绕组；W_2—输出绕组(次级)；W_3—电流绕组；W_4—曲折绕组；W_C—电容绕组；L_C—移相电抗；C—谐振电容；VC—整流装置

发电机运转时，由发电机本身的剩磁建立剩磁电压，此电压被加到电压绕组 W_1 上，次级输出绕组 W_2 即感应出一个较小的电压，经三相桥式整流后，送到发电机的励磁绕组，使剩磁得到加强，从而发电机电压进一步升高，又通过调压器使励磁电流进一步增加，这样不断反复自激，使发电机电压达到额定电压。

当发电机承担负荷时，让负荷电流通过绕组 W_3，构成复合励磁，使次级绕组 W_2 的输出增加，从而使发电机电压维持不变。

由于感性电流的去磁作用特别强烈，为了维持电压不变，对于同样大小的电流，功率因数低的需要的励磁电流大。欲使调压器反映这种负荷性质的差异，即功率因数 $\cos\varphi$ 的变化，并对此进行补偿，在电压绕组之前串入移相电抗器 L_C，并使电抗器的电抗值大大超过励磁回路中的电阻值，从而使电压绕组里的电流滞后端电压90°。图7-2所示为三绕组调压器(以 A 相电压为参考电压，折换到次级的矢量表示)，I_u 为电压绕组电流，它滞后于端电压 U_A 90°。

当发电机承担 $\cos\varphi=1$ 纯电阻负荷时，流过电流绕组的电流 I_i 与 U_A 同向，次级绕组电流为两者之和 I_L。如果负荷大小不变，而功率因数小于1.0时(滞后)，I_i 向 I_u 靠拢，I_L 便逐渐增加。当 $\cos\varphi=0$ 时(纯感性负荷)，励磁电流最大，为 I_u 与 I_i 的代数和。这样便实现了相复励调节作用。

实际上，由于发电机采用凸极式转子(激磁绕组)，使电枢绕组的纵轴漏抗与横轴漏抗不

一致，以及元件的非线性等原因，使调压系统提供的励磁电流的变化规律与图7-2中的曲线1，尚不能精确地维持发电机端电压不变。在高功率因数时，调压器所输出的励磁电流超过发电机所需要的励磁电流，使发电机电压反而偏高。而在低功率因数时，调压器所提供的磁电流小于发电机所需要的励磁电流，使端电压偏低，发电机的静态电压调整率只能达到5%左右。

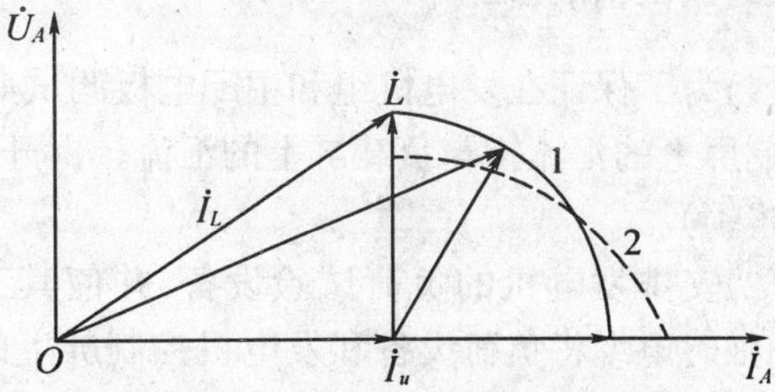

图7-2　三绕组调压器矢量图

U_A—A相电压；I_U—电压绕组电流；I_i—电流绕组电流；I_L—输出励磁电流；1—励磁电流矢量顶点

为了进一步提高静态电压调整率，使励磁电流的变化规律与图7-2中的曲线2相接近，在调压器的励磁变压器里另设一个电压曲折绕组 W_4，让A相铁芯上的曲折绕组反向通过C相电流（反曲折），也可以正向通过B相电流（正曲折），这两种接法的矢量图如图7-3所示。

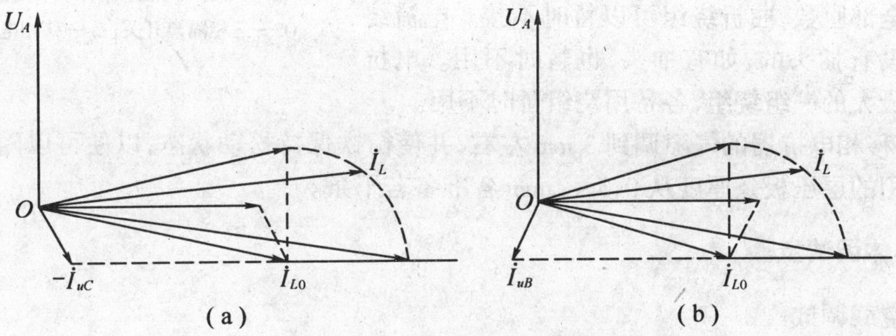

图7-3　正、反曲折接法矢量图

(a)反曲折；(b)正曲折

I_{L0}—空载励磁电流；I_L—任一时刻励磁电流

从图上可见，I_f 的矢量项轨迹更加接近于理想轨迹，即在 $\cos\varphi=1.0$ 时，电流 I_L 的增长显著加快，由此可以使静态电压调整率达到 ±2.5%以内。

曲折度可用 α 角表示，α 角的大小与 W_1 同 W_4 的匝数比有关，一般 α 可达 5°~15°，α 角越大，高功率因数时的励磁电流减小越多，但是低功率因数时的补偿越显著。

正曲折接法时，W_1 和 W_2 的磁化作用要相互抵消一部分，而在低功率因数时补偿不理想，所以目前使用反曲折接法为多数。

发电机的直流励磁电流，是三相桥式整流器将 W_2 输出的交流整流后获得的，因为硅整流的正向内阻是非线性的，电流越小内阻越大，所以起励时，较小的剩磁电压无法克服励磁回路中存在的各种阻抗之和，特别是硅整流器的正向内阻。为了越过这一障碍，可采用蓄电池起励、谐振起励等方法。大多数采用谐振起励，在频率快达到额定频率（45~48 Hz）时，使励磁电路中电感和电容谐振，从而使剩磁电流大大增加，以保证发电机能可靠地建立起电压。

二、调试前准备工作

(1)为了保证在发电机组和主配电板调试期间,负载屏上的用户继续得到供电,将发电机控制屏上的汇流排与负载屏上的汇流排拆开,把妨碍主开关工作的连锁电路暂时中断(岸电气连锁)。

(2)安排发电机的负荷试验设备,并使其工作正常,用临时电缆将负荷设备和发电机控制屏上的汇流排连接起来。

(3)为了调试方便,在移相电抗器与发电机之间接进一只三相隔离开关和一只电压表,如图7-4所示,同时检查一下调压器部分的接线是否正确。

(4)检查发电机及调压器部分的冷态绝缘电阻,都应该大于1 MΩ。

(5)如果各绕组的实需匝数在图上已有说明,则按图接线,也可按过去的经验数据进行选用。假如这些都没有的话,那么电压绕组 W_1、次级绕组 W_2 都可以选用其全部匝数,曲折绕组可以暂时不接。电流绕组一般是没有抽头的,如有抽头,也暂时不用。电抗器选用其最大的一组绕组,各备用绕组暂时不用。

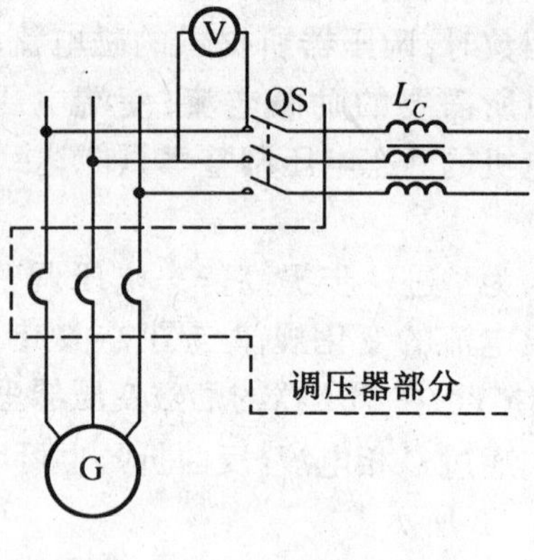

图7-4 调压器隔离开关接法

QS—三相隔离开关;L_C—移相电抗器

(6)将移相电抗器的气隙调到3 mm左右,并使衔铁保持松动状态,以便可以随时调节,调整气隙用的层压板条厚度从0.5~2 mm各准备若干条。

三、具体调试步骤

(一)空载调试

接通三相隔离开关,启动机组让其转速达到额定转速的90%~95%,这相当于45~47.5 Hz,因为尚未建立电压,频率表上无读数,可用转速表测量。

由于建立电压需要一个过程,所以必须等几分钟。如果无电压上升的迹象,用螺丝刀轻轻地撬起电抗器衔铁,缓慢地增加气隙,同时注意电压表上的读数有无缓慢上升的趋势。因为改变气隙可以改变电抗器 L_C 的电抗值,以达到谐振,所以改变气隙要慢,以防止气隙改变过快而越过谐振点,导至电压不能建立。

如果改变气隙能建立起电压,随着电压的升高,电抗器会产生很大的磁性吸力,此时需用力改变气隙,让发电机电压达到额定值左右,记住气隙大小,然后切断隔离开关,让发电机电压消失,用预备好的层压板条将电抗器的气隙垫到刚才所观察到的高度为止,再次建立时,如果电压太高,可以减小气隙,或增加电抗器的匝数。反之,可以加大气隙,或减少匝数。

如果改变气隙,电压仍未能建立,则需要检查发电机有无剩磁,励磁绕组是否接反,三相绕组的极性是否接错,硅整流器是否损坏。

临时拆开励磁绕组的连接线,用电压表测量交流剩磁电压,一般要有2~5 V才能建立电压。再将已拆开的励磁绕组连接组临时接通,看剩磁电压是增大还是减小,如果减小,说明励磁绕组接反了,可以反接过来试验。

若无剩磁,可以用低压蓄电池充磁,或借用另一台已建立电压的发电机上的励磁电压对它进行短暂充磁。

经过充磁和反向接线如仍无效果，可对整个励磁系统进行检查，看是否有短路、断路或错线等故障。可用三相自耦变压器进行检查，按图 7－5 所示接线。此时机组不启动，让自耦变压器的输出电压从零缓慢地升高，在正常的情况下，励磁电流应随电压上升而增大，并且三相平衡，当自耦变压器的输出电压达到 380～400 V 时，磁场电流达到额定空载激磁电流左右属于正常，如果无电流，或电流过小，三相严重不平衡，可能是自耦变压器电源侧熔断器熔断，可根据具体情况予以排除。

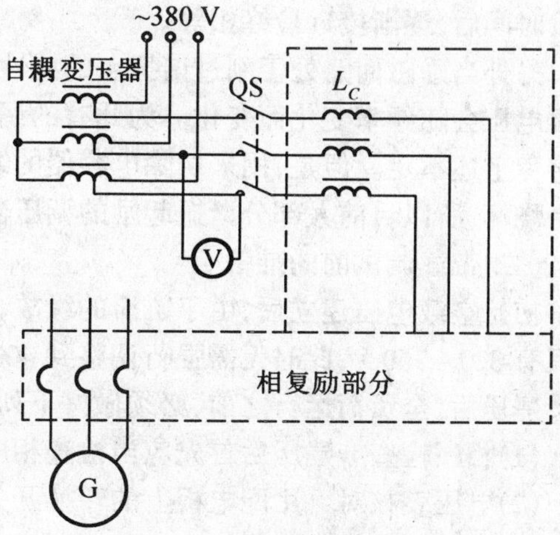

图 7－5　调压器开路检查法

如果机组在运转，随着自耦变压器输出电压的增加，发电机的电压也应跟着升高，两者要同时达到 380～400 V。

当发电机容量较大时，要防止三相自耦变压器过载，必要时应串联电流表进行监视，或接熔断器保护。

利用谐振起压的调压器，其谐振点均要小于 50 Hz。不同类型、不同规格的调压器的起励谐振频率各不相同，一般控制在 45～48 Hz 左右。原动机停车时的转速也要在这个频率范围所对应的转速内，以便下一次启动时的转速迅速达到原停车前的转速，发电机能立即谐振起励。如果原动机能很方便地手动加速，或遥控加速机构的电源来自其他电源，而不是发电机本身发出的电压，则停车时的转速可以再低一些。否则，当机组再次启动时，会因为转速提高，而使发电机组处于低速运行状态，造成配电板上一些和发电机输出端相连的感性元件(如指示灯、变压器等)烧坏。

同样，停车转速也不能高于谐振频率。某些调压器在转速高于谐振频率时也不能起励。这种情况的出现往往是因为原动机以额定转速运转时，为了调整某一元件，用隔离开关切断励磁，调整后再接通励磁，使得发电机不能建压。所以在调试时，若要暂时中断励磁，可先将转速调低到谐振频率范围以内再行中断。

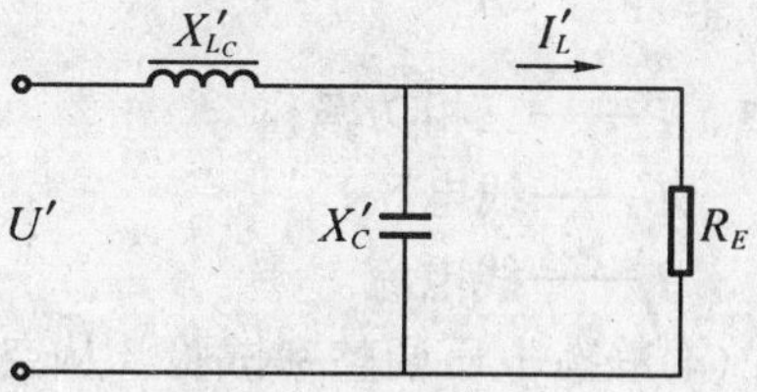

图 7－6　等值励磁电路

R_E—励磁回路总的等值电阻；X_{LC}—移相电抗器感抗；X_C—谐振电容器容抗

谐振回路的等值电路如图 7－6 所示。

理论证明，当频率达到谐振点时，励磁回路中 X_{LC} 等于 X_C，励磁回路中的电阻 R_E 将不再起作用，励磁电流 I_L 仅取决于电压和移相电抗器的感抗的大小($I_L \propto U_N/X_{LC}$)。此时电阻的阻值即使变化很大也无妨，但是发电机的工作频率是 50 Hz，高于谐振频率，所以整个励磁回路处于感性状态，电阻不再处于无足轻重的地位。发电机运行一段时间后，绕组因发热而变化，使励磁电流减小，发电机电压降低，此种现象称为热漂移。谐振频率越低，这种现象越明显，特别是空载电压。负荷运行时，因为励磁电流中有一部分是电流绕组感应过来的，电流绕组中的电阻很小，不会引起原负荷电流的变化，所以负荷运行时的电压变化略小于空载时的电压变化。在并联运行时，开始功率因数不等，运行一段时间后，逐渐接近最终相等。

另外当励磁回路处于刚过谐振点的感性状态时，移相电抗器频率补偿作用会被减弱，发电机电压会随频率变化而变化。为此有的调压器里的谐振电容在建压后就被切除，这样可以避免上述不足。但是，用来切除电容器的继电器触头工作在谐振回路的临界状态，触头很容易烧坏，所以目前大部分谐振起励的调压器的谐振电容不切除。

(二)带载调试前的准备

初始空载电压建立后，由于磁滞的缘故，经过谐振而建立的电压一般不会达到400 V，有时只有320～360 V，此时无需强行调整到400 V，发电机承担负荷后，电压会自动上升。

建压后，全负荷运行之前，必须做好下列调整工作：

(1)相序检查　建压后首先应当检查相序是否正确，可用相序表或相序指示器校对；

(2)电压表核对　用配电板上的转换开关分别测量三相线电压，检查其读数是否与外接电压表一致，三相是否平衡；

(3)频率表与伺服电机的转向检查　检查频率表读数和实际原动机的转速所对应的频率是否一致，操纵伺服电动机控制开关，其指示方向与实际方向是否一致。

(4)检查主开关动作的可靠性　操纵开关，让其反复接通断开，不能有任何合不上，断不开的现象产生。

(三)纯电阻负荷试验

在接通负荷之前，要确认负荷设备处于零位。启动发电机组，接通主开关，再接通负荷装置的主接触器，然后再逐渐增加负荷，以纯电阻负荷核对。

(1)电流表　用交流钳形表直接测量三相电流，与配电板上的交流表进行核对，负荷装置的三相电流应尽可能平衡，其误差不得超过10%，只有在电流核对无误以后，方可用配电板上的电流表进行检测。

(2)功率因数表　此时的功率因数表应指向1.0附近，如不在此位置要进行检查调整。

(3)功率表　功率表上的读数应与根据下式计算得到的数据相符合。

$$P=\sqrt{3}UI$$

式中　P——三相功率；

U——线电压；

I——线电流。

(4)静态电压调整率试验　从空载逐渐加到满载，记录若干点的电压、电流、功率、频率等数值，作外特性曲线 $u=f(p)$ 进行分析。

一般电压变化不超过5%～10% U_N，如果超出此范围，应适当调节一下次级绕组。如果电压急剧下降，经调整后仍无法加以控制，这说明内部有故障存在，需要进行检查和排除，如励磁变压器内部匝间绝缘不好、硅整流器非永久性穿击、相位接错等都会造成空载电压勉强正常，但一加上负荷，就会出现电压大幅度下降的故障现象。

(5)原动机调速器调整　从空载到满载，原动机的转速所对应的频率变化不应大于2.5 Hz。如果超过2.5 Hz，需要进行调整。为了并联运行时功率能够均匀分配，频率最好调整在1.5～2.0 Hz左右，即满载时为50 Hz，空载时为51.5～52 Hz，而且各台原动机力求一致。

试验过程中，从空载到满载，记录若干点的频率值及输出功率值，作出如图7－7所示的

$f=f(P)$曲线，供分析、调试用。

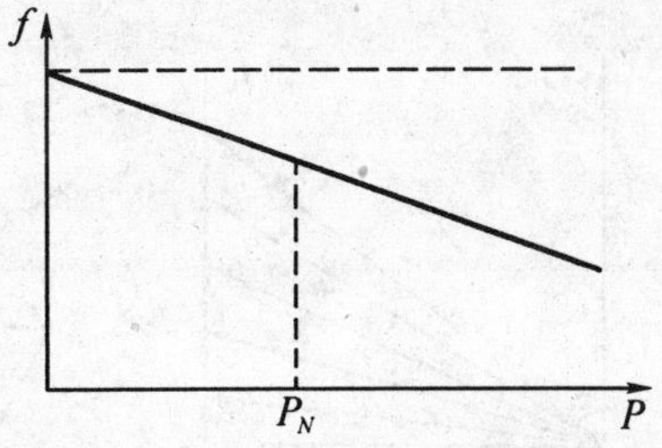

图 7-7 $f=(P)$曲线

(四)感性(电阻-电感)负荷试验

在调速器的静态偏差符合要求后，可进行感性负荷试验，首先核对各绕组极性。

1.电流绕组

让发电机承担 $\cos\varphi=0$ 的少量负荷，如果电流绕组的极性与电压绕组的极性不协调，电压便会急剧下降。从矢量图上可知，仅输出电阻性负荷($\cos\varphi=1.0$)是不能判断电流绕组极性的，如图 7-8 所示。

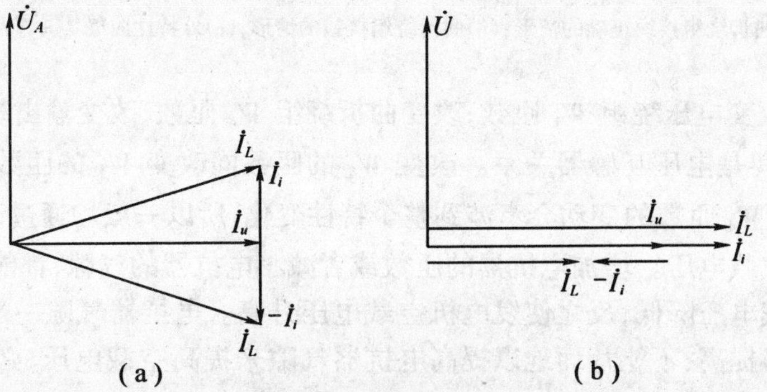

图 7-8 电流绕组校对法

(a)纯电阻负载;(b)纯电感负载

由于电流绕组的接线较粗，不易改接，如果要调整接法，可以将电压绕组的接线反过来。此时功率因数表的指针应从感性方向指向零，如果不在零位仍需要重新调整，然后用纯电阻负荷($\cos\varphi=1.0$)来核对。

让发电机输出电阻为电感性负荷，功率因数保持在 $\cos\varphi=0.8$，从空载加到满载，再次核对功率表，它的读数应满足下列关系式

$$P=\sqrt{3}\,UI\cos\varphi$$

如果指示正确，则除同步以外，测量仪表的核对工作基本告一段落。

2.曲折绕组

曲折绕组在开始阶段以不接为宜，只有在其他绕组的极性核对正确以后，才能按要求接进曲折绕组，加 $\cos\varphi=1.0$ 的纯电阻负载，随着负荷增加，电压开始呈下降趋势，当负载达到三分之一额定值以后，电压才逐渐回升，最后接近额定电压，其外特性曲线如图 7-9(c)曲线 1 所示。如果不是这样变化，而是随着负荷增加而急剧升高，如图 7-9(c)曲线 2 所示，说明曲折绕组接法有错误，不是相位搞错，就是极性不对。例如，A 相铁芯上的曲折绕组，原应通过反向的 C 相电流 I_{uc}，则 I_L 随着负荷增加，先减小后增加，如果通以正向的 C 相电流 I_{uc}，在空载励磁电流保持不变的情况下，随负荷的增加，I_L 开始就急剧升高，如图 7-9(b)所示。

(五)静态电压调整率的调整

在各绕组极性核对以后，再调整一下空载电压，改变空载电压有四个途径改变移相电抗

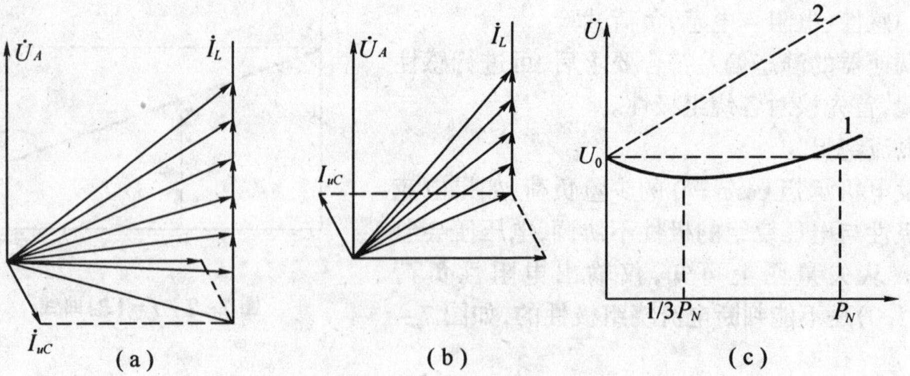

图 7-9　曲折绕组校对法

(a)曲折绕组接线正确的情形;(b)曲折绕组接错的情形;(c)外特性曲线 $U=f(P)$

器 L_C 的电抗值,改变电压绕组 W_1 匝数;改变曲折绕组 W_4 匝数;改变输出绕组 W_2 匝数。

W_1 和 W_2 之间是电压互感器关系。改变 W_4 的匝数同改变 W_1 的匝数在原理上类似,但是由于 W_1,W_2,W_4 匝数的变动会牵涉到整个特性变化,所以一般均通过改变移相电抗器的电抗值来调整空载电压。增加电抗器的匝数或者减小电抗器的气隙,都能使电抗值增加,从而使发电机空载电压降低,反之使发电机空载电压升高。电抗器气隙一般在 3 mm 左右,如果空载电压不易提高,不能片面地以提高电抗器气隙来提高空载电压,必须查明原因,否则会使电抗器烧坏。

让发电机承担 $\cos\varphi=0.8$ 的负荷,从空载到满载往复一次,记录若干点的 P,V,I,f 值估算一下静态电压调整率,如在 2.0% ~2.5% 以上,则需要进行调整。调整的途径有两个:改变 W_2 与 W_3 的匝数比;改变 W_1 与 W_4 的匝数比。

W_2 与 W_3 间为电流互感器关系。W_3 一般很少有轴头可供调节,通常是依靠改变 W_2 的匝数来调整,如增加 W_2 的匝数,能使发电机的负荷电压降低,即外特性下降,反之则升高。

改变 W_4 和 W_1 的匝数比,会改变曲折度。如果 W_4 增加,则曲折度 α 增加,在空载电压不变的情况下,会使负荷电压($\cos\varphi=0.8$)降低,使 $\cos\varphi=1.0$ 时的电压降落得更多,这样 $\cos\varphi=1.0$ 与 $\cos\varphi=0.8$ 两条外特性曲线相靠拢。

通常是把这两个方法综合起来使用,以求出一个最理想的匝数表,使静态电压调整率保持在 2.0% ~2.5% 以内。

备用线圈可以与基本绕组正串或反串,反串时等于是用基本匝数去减反串的匝数。

调整时,往往空载电压会同时变化,所以移相电抗器 X_{LC} 也要作相应调整。

一般发电机在 $\cos\varphi=1.0$ 时,外特性曲线是上翘的,即有负的电压调整率,而 $\cos\varphi=0.8$ 时的外特性是下降的,功率因数越低,下降得越厉害。但由于采用曲折绕组的结果,能使 $\cos\varphi=1.0$ 与 $\cos\varphi=0.8$ 的外特性曲线相接近,低功率因数时的外特性曲线反而上升,所以在外特性调整好后,可用 $\cos\varphi\leqslant0.4$ 负荷来校对一下。

在上述调整过程中,每变动一次,在负荷从空载到满载,再从满载回到空载的期间,应记录若干点的数据,对 P,U,I,f 进行分析,比较、调整以后,完整地作出 $\cos\varphi=1.0$,$\cos\varphi=0.8$,$\cos\varphi=0.4$ 的外特性曲线。

欲进行并联运行的各台发电机，在调整时，应使各台发电机的外特性趋于一致。

(六)动态特性试验

在静态特性调整结束后，与轮机部门配合作发电机组的动态特性试验。

由于选用了不带任何校正器的自励恒压发电机，从电气角度上看，对发电机的动态特性无法进行调整，要作好记录，以便配合轮机部门调整调速器。

进行动态特性试验时，先使发电机突加、突减 $\cos\varphi \leqslant 0.4$ 的 50% 负载，观察并记录最大瞬时电压的变化值和稳定值，以及电压波动在最后稳定值的 $\pm 3\% U_N$ 以内的时间，然后作 $\cos\varphi = 0.8$ 的 $100\% I_N$ 负载的突加、突减试验，配合轮机考核原动机及调速器的性能，使它满足规范要求。

在调速器作过调整之后，最后还要复核一次静态电压变化率，如果超过规定，还得再重新调整，直至符合要求为止。

(七)单机提交

完成上述调试以后，最后要进行温升试验，考核发电机连续运行的性能。

(1)在发电机进出风口处及机舱内各放一只温度计，以便测量温升。

(2)发电机运行前测量冷态绝缘电阻值。

(3)启动发动机，空载运行一段时间后加 $1/2P_N$ 负载运行 0.5 h，然后加 $100\% P_N$ 负载连续运行 4 h，并每隔 0.5 h 记录一次三处温度值。若运行正常，即可进行 $110\% P_N$ 的过负载试验，运行时间为 1 h。

(4)停机后，测量电机热态绝缘电阻，同时记录电机定子、转子、集电环的温度。

整个测试完毕后，要提交下列数据，并参照规范要求，考核发电机质量：

①发电机冷、热态绝缘电阻值；

②静态电压调整率($\cos\varphi = 0.8$)；

③动态特性；

④温升曲线(进出口处的风温)。

第三部分　技能训练

项目一　发电机组的自励起压

1.编制调试大纲。

2.按本技能训练所述要求作好调试前准备工作。

3.启动机组让其转速达到额定转速的 90% ~95% 。

4.改变电抗器衔铁气隙使发动机自励起压，经反复调试直至建立起 380 ~ 400 V 电压。

5.写出调试报告。

项目二　发电机组的负荷试验

1.编制调试大纲。

2.进行纯电阻负荷试验。

3.进行电阻、电感性负荷试验。

4.写出调试报告。

项目三　发电机组电压调整率(静态和动态)的调整及特性试验

1.编制调试大纲。
2.静态电压调整率的调整。
3.动态特性试验。
4.写出调试报告。

技能训练八　船舶发电机组的并车调试

第一部分　教学要求

船舶电站要随着负载的变化增减发电机组，这样就存在并车问题，当运行机组需要检修时，为了保证不中断供电，也需要通过并车完成替换。因此，发电机组的并车是船舶电站最基本的功能，并车操作也是船舶电站最普遍的操作。目前，船上采用的并车方法主要有：手动准同步并车；粗同步电抗器并车；半自动准同步并车；自动准同步并车。

一、目的要求

1. 掌握手动并车操作程序。
2. 掌握并车装置的调试方法。

二、工具器材

1. 个人电工工具一套(试电笔、电工工具套、电工刀、起子、钢丝钳、活动扳手)。
2. 万用电表、钳形电流表、兆欧表、计时秒表。
3. 发电机组。
4. 主配电板、并车装置。

三、教学节奏与方式

序号	项　目	时间安排	教学内容
1	阅读教材	课余	自学、查资料
2	教师讲授	0.5课时	①同步发电机的并车条件； ②手动并车和电抗同步并车操作； ③并车装置的调试
3	学生实作	7.5课时	①发电机组的手动并车操作； ②电抗同步并车的试验

四、成绩评定

技能训练成绩：　　　　　　教师签名：　　　　　　时间：

第二部分　知识要点

通常船舶电站均装设有两台以上的发电机组作为主电源，我们把两台以上的发电机同时向电网供电的运行方式，叫做发电机组的并联运行，把发电机组投入并联运行的过程称为并车。

一、同步发电机的并车条件

将一台发电机投入电网并联运行，不能随便地合上待并发电机的开关与电网并联。否则会因合闸电流冲击导致并车失败，严重时会导致全船断电，机组也将受到电磁的和机械的有害冲击，因此并车必须满足一定的条件。

(一)理想的并车条件

理想并车条件是待并机与电网（或运行机）之间必须同时满足如下条件：

(1)电压(有效值)相等，即：$\Delta U = |U_1 - U_2| = 0$；

(2)频率一致，即：$\Delta f = |f_1 - f_2| = 0$；

(3)相位差为零，即：$\delta = |\delta_1 - \delta_2| = 0$；

(4)相序一致。

符合上述条件后，待并发电机的电压矢量与电网的电压矢量完全重合，而且同步运行。此时并车，冲击电流最小，这就是准确同步的理想情况，称之为理想的并车条件。

(二)实际的并车条件

在上述四个条件中，第(4)条是必须满足的，尤其是新安装的发电机或大修后安装的发电机，并车前一定要检查核实，其他情况下这一条是满足的，无需检查。前三条在实际中允许有一定的误差，由于船舶电力系统负载的频繁变化及并车操作人员的熟练程度不同，要做到完全满足这三个条件，达到理想的同步是不可能的。因此，实际的并车条件应是既可以成功实现并车，又不至于造成发电机组损坏。理论和实践证明，更实用的并车条件为

$$\Delta U = |U_1 - U_2| \leqslant \pm 10\%$$

$$\Delta f = |f_1 - f_2| \leqslant | \pm 0.5\ \text{Hz} \text{ 或 } \Delta T = 1/\Delta f \geqslant 2\ \text{s}$$

$$\delta = |\delta_1 - \delta_2| \leqslant \pm 15^\circ$$

即电压有效值偏差在±10%以内；频率偏差在±1%以内(或频差周期大于2 s)；相位差在±15°电角度以内。

二、手动并车操作

船舶主配电板面板上装有电压表、频率表、同步指示器。电压表的数值可指示待并发电机电压是否与电网电压一致。由于发电机都有自动恒压装置，一般均能满足电压在允许偏差之内，只需最初检查电压是否正常而不需要手动调节。如发现各台发电机电压相差太大，则要根据具体情况排除故障，或对自动电压调整器的参数进行适当调整，以使电压差满足要求。通常相序接线也是正确的，所以整步操作实际就是满足频差和相位差两个条件。对于频率条件，可以通过频率表进行检测，若相差太大，则可通过伺服马达调节发电机组中原动机的调速器，从而改变原动机的转速，即调整了频率，使频差达到允许范围之内。

同步表则用来检测相位，手动并车时，主要应观察同步表。若同步表的指针沿着"快"的方向旋转，说明待并发电机的频率（转速）较电网频率高，是正频差。一般总希望正频差，这样并车后就可分担少量负载，对并车的成功有利。若正频差在允许范围之内，则不再调整，否则要调节柴油机的转速，使待并发电机的转速达到允许范围之内。而后捕捉相位条件，考虑到主开关有一定的动作时间，故要有适当的提前量。当指针快到红线时，立即合闸，可保证并车瞬间相位差在允许范围内。之后待并发电机依靠自正整步作用被拉入同步，观察同步表将稳定在"整步"位置不再转动，然后再进行负载转移。并车完毕后，应立即通过转换开关把同步表从电路中切除，以免损坏。

（一）手动并车程序

手动并车操作的程序如下：

(1)启动待并发电机组　先检查启动条件，冷却水、滑油、燃油、启动气源或电源，然后启动待并机的原动机，使其加速到接近额定转速；

(2)启动后检查发电机的三相电压　用电压表测待并发电机和电网电压，观察待并机的电压，看是否建立起额定电压（一般不必进行调整，因有自动调压器的作用），是否缺相；

(3)进行频率预调、精调　接通同步表，检测电网和待并发电机的差频大小和方向，通过调速开关调整待并机组转速，使待并机与电网的频率接近，即将同步表选择开关转向待并机，先调整为"正频差"方向，再精确调节待并机的原动机转速，使待并发电机的频率比电网频率稍高约0.3 Hz，此时可看到同步表的指针沿顺时针"快"方向缓慢转动，约3 s转动一圈；

(4)捕捉同相点、进行合闸操作　根据同步表检测相位差，在将要到达"同相点"时将主开关合闸，合闸指令应有提前量，提前时间为主开关的固有动作时间，当同步表指针转到上方11点位置时，立即按下待并机的合闸按钮，此时自动空气断路器自动合闸，待并发电机将在允许范围内并入电网运行；

(5)转移负载　此时待并机虽已并入电网，但从主配电板上的功率表可以看出，它尚未带负载，因此，还要同时向相反方向调整两机组的调速开关，使刚并入的发电机加速，原运行的发电机减速，在保持电网频率为额定值的条件下，使两台机组均衡负荷；

(6)切除同步表　最后断开同步表，并车完毕。

（二）并车操作注意事项

1.频差不能偏大也不可太小

频差偏大，比如调节频差周期为2 s，虽然是允许频差，但由于整步表指针旋转比较快，不易捕捉"同相点"，易造成较大冲击而并车失败。如果频差太小，指针转一周时间较长（例如10 s），拖延并车时间，所以频差周期调节到3～5 s，既迅速又容易成功。还要注意：当接通整步表时可能会出现表针只在某一位置振动而不旋转，这表明频率差太大，应试调节待并机频率（加速或减速），以使频差减小、指针能够旋转；或者出现指针呆滞、缓慢迂回、没有确定的转向，这是两频率接近相等，频差几乎为零造成的，此时很难捕捉同相点，为缩短并车时间，应调节待并机使其加速，达到3～5 s转一圈。

2.尽量避免逆功率

无论整步表指针是向"慢"($f_2 < f_1$)还是向"快"($f_2 > f_1$)的方向转，只要达到允许频差都可以合闸，但"慢"的方向易造成逆功率跳闸，这是因为此时合闸后电网必须提供一部分有功功率给待并机将其拉入同步，所以最好是调节向"快"($f_2 > f_1$)的方向。这样，合闸后待并机就能立即分担一些负荷，避免出现逆功率。

3.按合闸按钮应有适当的提前量

并车时应考虑有适当的提前量,以保证主开关触头闭合时恰好是同相位,尽量减小合闸冲击电流。发电机主开关固有动作时间有电磁铁合闸机构,可按0.1 s计,电动机合闸机构可按0.3 s计,手按按钮操作时间可按0.1 s计。因此电磁铁合闸的主开关提前量应为0.2 s,电动机合闸的主开关提前量应为0.4 s。对于顺时针旋转为快的同步表,若同步表指针按钟表分针计算,则同步表转一圈为3 s时,电磁铁合闸应在56分时刻,电动机合闸应在52分时刻;当同步表指针转一圈为5 s时,电磁铁合闸应约在57.5分时刻,电动机合闸的应约在55分时刻。因此实际合闸操作时,只要同步表指针转一圈的时间在3~5 s,合闸提前量可掌握在:电磁铁合闸操作机构可在57分时刻合闸;电动机合闸操作机构可在53.5分时刻合闸。

4.绝对禁止180°反相合闸

不能在指针转到"同相点"反方向180°处合闸,这时冲击电流最大。不仅会造成合闸失败,还会引起供电的机组跳闸,造成全船断电。

5.不能在大于允许频差时合闸

如果频差太大(频差周期小于2 s)并车,合闸后转速快的机组剩余动能很大,两机组产生的整步力矩可能不足以将其拉入同步,结果将由于失步产生很大冲击而导致跳闸断电,因为在允许频差下合闸,合闸后是靠整步力矩将两机组拉入同步。对于频率稍快的发电机产生制动性力矩使其减速,频率稍慢的发电机产生驱动性力矩使其加速,因此合闸后很快进入同步运行。这与单独调节一台并联发电机有功功率的情况类似,当加大一台机的油门时机组转速瞬时加快,输出电功率增加,电磁反转矩(制动转矩)增大,阻止其加快。另一台转速稍慢的机组功率自动减少,电磁反转矩减小(相当于增加了一驱动转矩)而转速加快。所以整步操作时,频差周期不应小于2 s。

6.合闸时应避开突然扰动

在按下合闸按钮前,如果遇到电网电压幅度或频率突然发生波动应暂缓合闸操作,待稳定后再操作,不然可能会导致并车失败。

7.并车完毕及时断开同步表

因为同步表是按短时工作制设计的,只允许短时(≤15 min)通电使用。

总之,不论是由于操作不当还是外部扰动,只要是在较大的频差或相位差下合闸都有可能造成并车失败。

三、电抗同步并车

有电抗粗同步并车的船舶电站,要进行电抗同步并车的试验。

(一)电抗同步并车原理

为了降低手动准同步并车的难度,确保并车成功,人们寻找并车条件不太苛刻的并车方法。我们知道并车过程中主要危害来源于环流的冲击所引起的破坏,而电抗器具有限制冲击电流的作用。电抗同步并车法就是先将待并发电机经一电抗接入电网,经一段延时待冲击电流减小或消失后,再将发电机组的主开关合闸,然后再切除电抗器,这样可避免由电压差、相位差造成巨大冲击电流。这种方法,对电压和频率的调整不必准确同步,因此操作简便、可靠,习惯上也称它为粗同步并车法。

(二)电抗同步并车条件

电抗同步并车法放宽了准同步并车的并车条件,将并车条件放宽到

$$\Delta U \leqslant \pm 10\%$$

$$\Delta f \leqslant \pm 1.5\ \text{Hz}$$

$$\delta \neq \pm 180^\circ$$

可以看到,电抗同步并车的电压条件不变,仍然是 $\Delta U \leqslant \pm 10\%$;频率条件由原 $\Delta f \leqslant \pm 0.5$ Hz 放宽到 $\Delta f \leqslant \pm 1.5$ Hz;相位条件由原 $\delta \leqslant \pm 15^\circ$放宽到 $\delta \neq 180^\circ$,理论上讲相位差几乎不受限制,只要不是在 180°合闸都可以并车。这样大大地提高了并车的成功率,很受欢迎。

(三)半自动粗同步原理

图 8-1 是目前广泛采用的自动切除电抗器的粗同步并车电路,其工作过程如下。

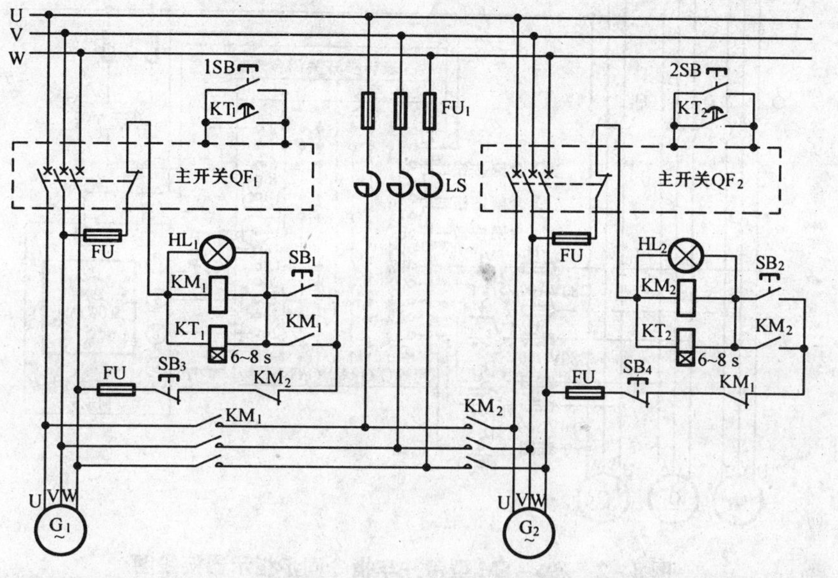

图 8-1 电抗同步并车原理图

假设 G_1 为正在运行的发电机,代表电网,G_2 为待并发电机。手动调整待并发电机 G_2(频率调整伺服马达调速开关或旋钮),使其电压、频率调整到与运行发电机接近,即满足粗同步并车条件时,合上同步表并转换开关到 G_2 并车位置,观察同步表指针,当旋转较慢且指针转到“同相位”点前一个角度时,按下并车按钮 SB_2,则接触器 KM_2 获电,其辅触头闭合自保,主触头闭合,使 G_2 通过并车电抗器 LS 与电网接通。同时,时间继电器 KT_2 获电,经一定延时(延时的时间要能保证在这段时间内待并机拉入同步,一般整定为 6 ~ 8 s),其常开触头 KT_2 闭合,接通 QF_2 的合闸电路,使 QF_2 合闸,G_2 直接接入电网并联运行。与此同时,主开关 QF_2 的常闭辅触头断开,使 KM_2 失电,从而使电抗器自动切除,并车电抗器就退出了电路,KT_2 也失电复位,整个电抗同步并车完毕。

(四)并车电抗器

并车电抗器普遍采用短时工作制的空心电抗器。考虑体积、耐压、绝缘和材料等因素的经济性,电抗器是按短时工作制设计的。

尽管并车电抗器是按照条件计算的,但我们知道角越大,自整步作用就越小,而有可能

使发电机长时间不能达到同步。因此,实际粗同步操作中,一般限制在90°以内,以确保并车的安全可靠。

四、带并车指令同步指示器的半自动并车电路

带并车指令的同步指示器是集同步指示与同步脉冲发送为一体的新型仪表。如图8-2所示表盘圆周上均匀分布有36个发光二极管,正中"12点钟"处红色发光二极管表示相位差为-5°~+5°,其他按次序每灯间隔为10°。在表盘12点钟处亦设有"SYNC"绿色合闸指示灯,在待并发电机与电网之间频差小于某一设定值且相位差为0°之前的某一瞬间,允许合闸指示灯"SYNC"亮,并同时发出并车指令,控制主开关合闸。

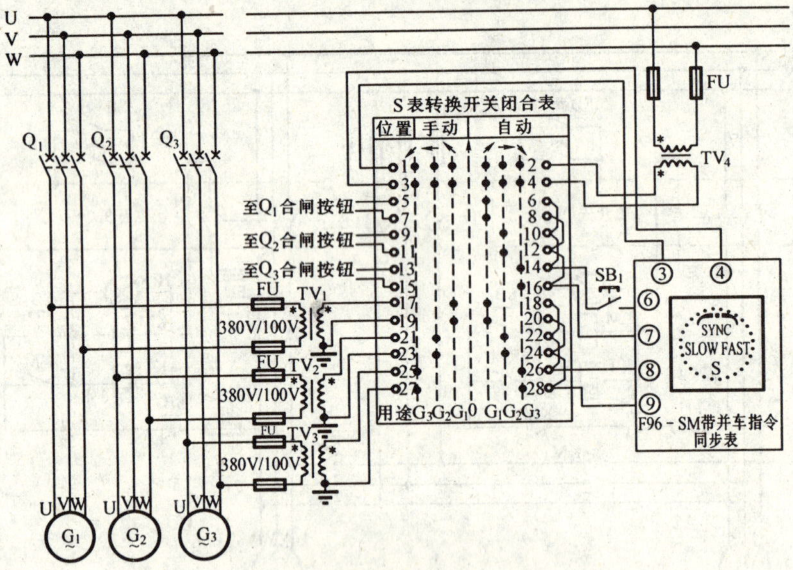

图8-2 F96-SM型带并车指令同步指示器接线图

这种带并车指令的同步指示器,设有合闸超前时间设定开关SW_1和频差设定开关SW_2以及校验按钮SA_1,如图8-3所示。SW_1、SW_2可设置16种状态,分别对应16种整定值。合闸指令超前时间可在50~500 ms内整定,频差可在0.05~0.5 Hz内整定。SA_1则用来检验合闸超前时间与频差设定值是否正确。对应图8-3的设置状态表示合闸超前时间为100 ms,频差设定为0.2 Hz。

F96-SM型带并车指令同步指示器接线图,如图8-2所示。设G_2为待并发电机组,并车操作步骤如下:

(1)当需要并车时,将转换开关转至"→"位置,1-2,3-4闭合,F96-SM得电,电源指示灯亮。同时,21-22,23-24闭合,待并发电机G_2的电压信号也送入到F96-SM,此时可看到F96-SM表盘上的发光二极管指示并旋转点亮。

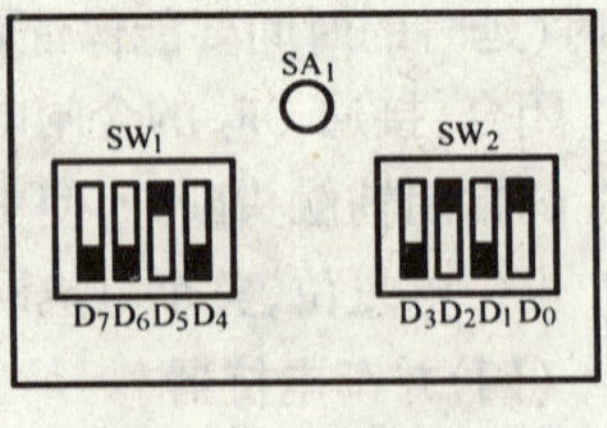

图8-3 设定开关

(2)当待并机G_2与运行机G_1的频差未满足设定要求时,可手动调节待并发电机G_2的转速,直至相位指示转到12点钟附近,"SYNC"绿色合闸指

示点亮的同时，合闸脉冲也同时输出，这时即可按下合闸按钮 SB_1，实现自动并车。

(3)将转换开关转至中间“↑”位置，使同步指示器退出工作。

在使用中，如果要将并车功能设置为手动，应将转换开关转至手动位置，此时，转换开关的触点 5～16 均断开，则 F96－SM 不可能发出合闸脉冲，F96－SM 只能作普通的同步表使用，应采用常规手动合闸线路进行合闸。

带并车指令的同步指示器在使用中，要求发电机输出电压波形好，转速稳定，否则 F96－SM指示灯运转将可能不稳定，有时甚至不输出脉冲信号。另外，主配电板上应备有手动并车同步指示灯，以检查接线正确与否，同时作为并车操作的备份。

五、发电机组的并车调试

发电机组的并车试验必须在单机试验和各保护装置调整复核无误后方可进行。并车调试也是先手动后自动功能的调试。根据并联运行的要求，并车调试要做下列工作。

(一)核对同步指示装置

同步指示装置有同步表和同步指示灯两种。手动并车调试时，首先核对整步表的接线和自身是否良好。将同步表的转换开关放在自身同步位置。例如，1 号发电机已投入电网运行，再将转换开关放到“1 号发电机同步”位置，此时，同步表指针应该指向“同步点”标志位置。同步指示灯如采用灯光熄灭法，此时指示灯应该熄灭；如采用灯光旋转法，应一个灯灭，另两个灯同亮度。如果同步表指针不在标志位置上，或同步指示灯不按上述要求指示，则说明接线有误要纠正。全部校正以后，将转换开关放到“2 号发电机同步”位置，让两台发电机的频率相符合(两机的频率稍有差别，观察同步表指针的转向是否与频差相符合)。然后换 2 号发电机投入电网重复上述步骤，直到全部正确为止。

(二)粗同步装置检查

启动两台发电机组，将先一台投入电网，测量并车接触器触头(KM_{11}，KM_{21})两边的电压相位是否一致，如图 8－4 所示。再检查直流均压接触器触头(KM_{12}，KM_{22})两边的直流励磁极性是否相同，然后换一台机组投入电网作同样检查。

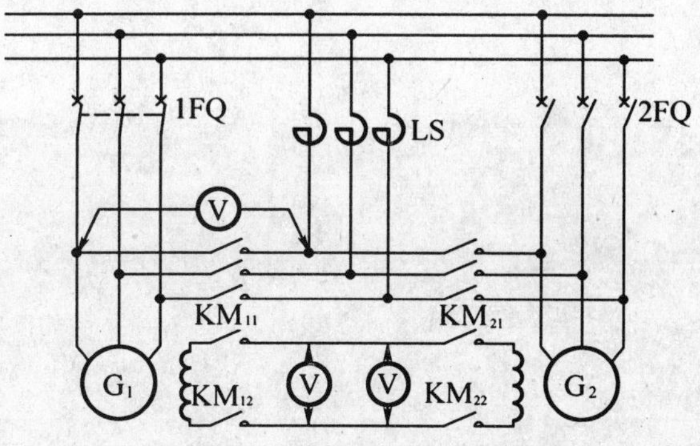

图 8－4　并车装置的检查示意

(三)并车调试

首先让两台发电机组频率一致，相位相同，通过电抗器并车若干次，若无问题，再在任意角度上进行并车。试验时冲击电流不应超过 1.2～1.8 倍额定电流，如果电流太大，应增加电抗器匝数，以减小冲击电流。然后扩大频率到 1 Hz，进行任意角度并车，这时发电机系统振荡应迅速趋于稳定。

并车电抗器如有延时自动切除环节，可在空载的情况下，整定或核对延时时间。如图 8－1 所示，一般应在发电机串入电抗器并网后 6～8 s 自动切除电抗器，这一时间也是并车期间发电机组间自身整步的调整时间。切除电抗器的时间通过整定时间继电器 KT_1 或 KT_2 的延时时间来实现。

上述并车调试完成后，即可进行发电机组间的负载转移试验、负载分配试验及并联运行的稳定性试验，其具体内容详见下一章。

第三部分 技能训练

项目一 发电机组的手动并车操作

1.按照本教程介绍的手动并车操作程序，编写试验大纲。

2.进行手动并车操作。

3.撰写试验报告。

项目二 电抗同步并车的试验

1.按照本教程介绍的电抗同步并车操作程序，编写试验大纲。

2.进行电抗同步并车操作。

3.按延时6~8 s整定并车电抗器自动切除时间。

4.撰写试验报告。

技能训练九　船舶发电机并联运行与功率分配

第一部分　教学要求

在多台发电机组同时向电网供电时,存在机组间有功分配及频载调整的问题,同样,还存在机组间无功分配及调整的问题。这些问题是船舶电站在运行过程中必须解决的实际问题,它直接关系到电站是否能高效、经济和稳定地运行。

一、目的要求

1.掌握并联运行发电机组间的有功分配与调节的方法。
2.掌握并联运行发电机组无功分配的均压线法。

二、工具器材

1.个人电工工具一套(试电笔、电工工具套、电工刀、起子、钢丝钳、活动扳手)。
2.万用电表、钳形电流表、兆欧表。
3.发电机组。
4.主配电板、频载调节装置。

三、教学节奏与方式

序号	项　目	时间安排	教学内容
1	阅读教材	课余	自学、查资料
2	教师讲授	0.5课时	①并联运行发电机组的有功功率分配与频载调节方法; ②调速伺服电路; ③并联运行发电机组的无功分配与均压线
3	学生实作	7.5课时	①并联运行发电机组间的负荷转移和有功分配(均分)试验; ②并联运行发电机组间的均压线连接和无功分配(均分)试验

四、成绩评定

技能训练成绩:　　　　　　教师签名:　　　　　　时间:

第二部分　知识要点

一、并联运行发电机组的有功功率分配与频载调节

发电机并联运行时，负载需求的总功率，应该由各并联机组合理分担。对于不同容量的发电机组并联，其有功功率和无功功率都应按各并联机组容量的比例进行分配，对于同容量的发电机组并联，其有功和无功功率应平均分配。这样的分配才是最佳的，这种分配关系也能稳定的保持下去。

发电机组输出的有功功率源于其原动机的出力大小，对于柴油发电机组是由柴油燃烧做功转化为机械能的。可见通过调节柴油发电机组油门的大小，可以调节发电机的输出功率。而发电机的输出功率又与频率存在着一定的对应关系。

(一)调速器的调速特性

柴油机发电机组的转速 n(或电频率 f)与其输出功率 P 的关系，称为调速器的调速特性。若随输出功率 P 的增加，转速 n 下降，调速器使油门开大，以保持功率的平衡和稳定的运行。我们把这种转速 n 随功率 P 增加而下降的调速特性，称为有差特性。调速器特性曲线的下降率或斜率称为调差率 K，机械调速器调差率的大小决定于调速器弹簧的刚度。这种在不改变调速器弹簧预紧力的条件下，转速随功率变化的调节，称为一次调节。在任何功率下，改变弹簧预紧力来加大或减小油门开度，可使转速上升或下降，也即使调速特性曲线平行上移或下移，如图 9-1 所示。通过改变调速器弹簧预紧力的调节，称为二次调节。一次调节构成了柴油机发电机组自身的频-载调节规律，即调速特性在坐标系上的位置不发生变化；二次调节则是外界改变“给定值”的调节，即调速特性在坐标系中的位置发生变化(平行上移或下移)。

手动调节频率的方法：操作发电机控制屏上的调速开关，就是通过控制调速器伺服电动机的正反转，再通过传动机构压紧或放松调速器弹簧的预紧力，从而加大或减小油门开度，使调速特性曲线平行上移或下移。

如图 9-2 所示，当负载由 P_0 增加到 P_1 时，频率由 f_0(A 点)下降为 f_1(B 点)。为保持额定频率，这时可操作调速开关“加速”来压紧弹簧预紧力，使油门开大，频率回升，特性曲线平行上移(曲线 2)，直到 C 点(忽略负载的频率效应)。如果是两台机组并联，则应同时“加速”，使频率回升，两机组调速特性曲线一起平行上移。

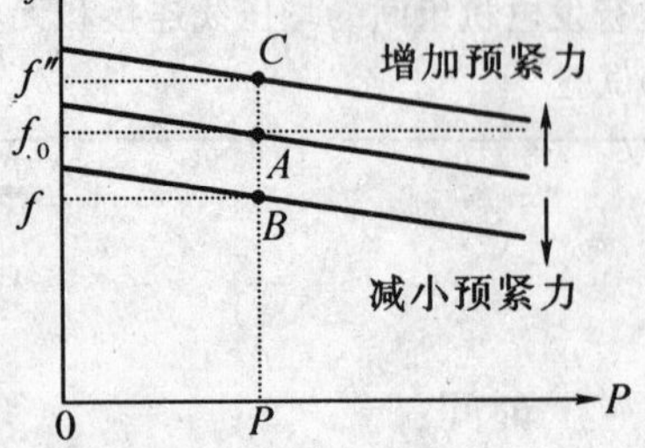

图 9-1　调速特性曲线

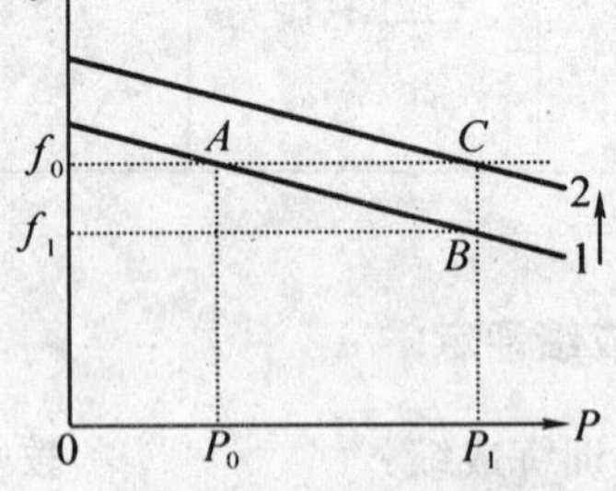

图 9-2　调节电网频率

(二)并联机组有功功率分配与调节

在并车和解列时,负载转移的操作就是调节机组间有功功率分配的调节过程。以并车为例,并车前1号机承担电网的全部功率 P,电网频率为 f_N,稳定运行工作点在图9-3中1号机特性曲线上的 A 点。按同步条件并车合闸后的2号机(特性曲线2)功率为零,既没有有功功率的输出也没有输入,仅是浮接在电网上。转移负载的操作就是使2号机“加速”,特性曲线平行上移,功率增加;同时,1号“减速”,特性曲线平行下移,功率减少;保持频率不变,直到两机功率相等(同容量,各为 $P/2$)。这时两曲线的交点 B,即为新的稳定并联运行工作点。

并联运行发电机组之间有功功率能否自动地、稳定地按容量比例合理分配,与并联机组调速器的调速特性(或发电机的频率-功率特性)有关。要保证并联运行的稳定必须使功率分配稳定。要使功率分配稳定,两并联机组的调速特性必须是有差特性。要使并联机组在任意负载下都能稳定地按容量比例自动分配功率,则不仅必须是有差特性而且特性曲线的下降斜率(即调差率 K)要一致。

实际调速器调速特性的调差率总是存在一定的偏差,因此功率分配也就存在一定的偏差。例如,图9-4为调差率不同的并联机组,并联转移负载后两机组的功率分配相等($P_1=P_2$),频率为额定值 f_N(两特性曲线的交点)。但当电网功率增加后,电网频率下降为 f_1,这时两机组的功率分配不再相等,由频率 f_1 与两特性曲线的交点可以看出,特性曲线斜率小的比斜率大的增加的功率大(即 $\Delta P_1>\Delta P_2$);如果是电网功率减少,频率上升,则是斜率小的比斜率大的减少的功率更多。如果两曲线的斜率都稍大些,这种分配偏差就小一些。当负载在发电机总额定功率的20%~90%和功率因数为0.6~0.9(滞后)范围内变化时,应能稳定运行。并且负载有功功率按各并联机组额定有功功率比例分配的偏差应不超过各自额定有功功率的±10%。为了既要保证电网频率基本恒定又要尽量使功率分配偏差小些,所以一般调速器的调差率选为3%~5%为宜。

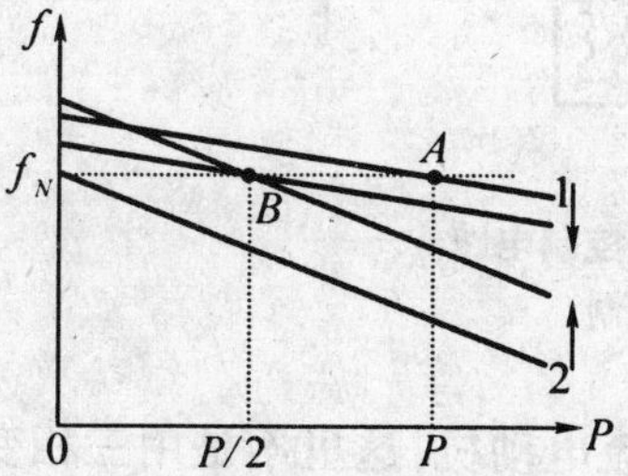

图9-3　有功功率转移的影响

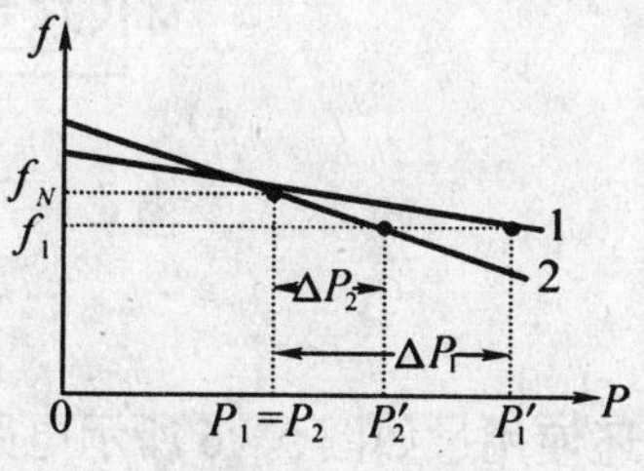

图9-4　调速特性对有功功率分配

二、调速伺服电路

旋转发电机的频率由拖动它的原动机的转速决定。发电机的原动机必须具有调速器。对发电机频率的调节,是调节原动机调速器的转速整定位置。一般船舶电站发电机的原动机都是柴油机。柴油机设置的调速器有两种形式,机械调速器和电子调速器。

目前使用的机械调速器几乎都是液压调速器(以下称调速器),直接装在柴油机上。它的输入是柴油机的轴转速，输出是转轴角度，直接作用在油门的调油轴上。转速低于整定值时油门向增大方向调节；高于整定值时向减小方向调节。调速器上有整定转速的旋钮，供机旁操作，伺服电动机供遥控操作。

“伺服”是外来语 servo 的译音，有中继传动或随动的意思。用于遥控调节的电动机称为伺服电动机（以下称伺服机），它通过减速齿轮作用在转速整定轴上。

常用的伺服机是交、直流双磁场电动机，也有用单相电容电动机、直流并激电动机和三相交流电动机的。

单台发电机投入电网供电之前需要把转速（频率）调节到额定值，投入并联运行前需要进行同步调速，并联运行时需要进行功率分配的调速操作，解列前需要进行负载转移的调速操作。无论是手动或自动都需通过伺服机调节。

对伺服机的控制是简单的正、反转控制，对应的动作是“升速”和“降速”，以下以“升”和“降”来表示。

手动操作是采用自复位式转换开关直接或通过中间继电器（以下称中继）间接控制。大多数电动机都通过变压器降压、隔离供电。

图 9－5 为调速伺服机的基本控制电路。伺服机为双磁场电动机，图 9－5(a)是直接控制，控制为单极控制；图 9－5(b)是间接控制，控制为双极控制。

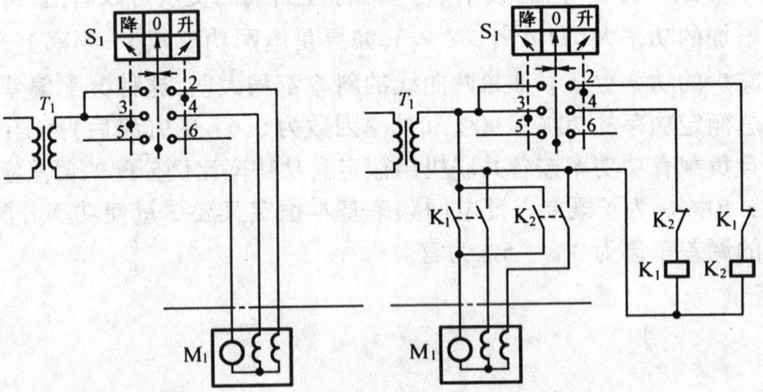

图 9－5　调速伺服机的基本控制电路

(a)直接控制；(b)间接控制

国内还使用过如图 9－6 所示电路，(a)是三相交流电动机，这里不是用三相变压器，而是用两个接成 V 形的单相变压器供三相电；(b)是直流并激电动机，用转换开关直接控制。

有同步屏的主配电板需要在屏上进行同步调速操作，这样有两个部位设置调速操作开关，如图 9－7 所示，S_1 设在发电机屏，S_2 设在同步屏。

自动装置如自动同步器和功率自动分配器等也要进行调速操作，自动装置的调速信号是触点信号，如图中“降”和“升”所示。考虑到这些信号只在自动时才允许起作用，有的设计用“自动”触点接入工作（有的不用），所有发电机公用一台自动同步器时，必须用“引导”中继，即把同步调速输出引导到待并的发电机的调速电路上来。

图中两个调速开关都带有零位连锁，从连接的顺序看出，发电机控制屏的操作优先于同步屏的操作，手动操作优先于自动。

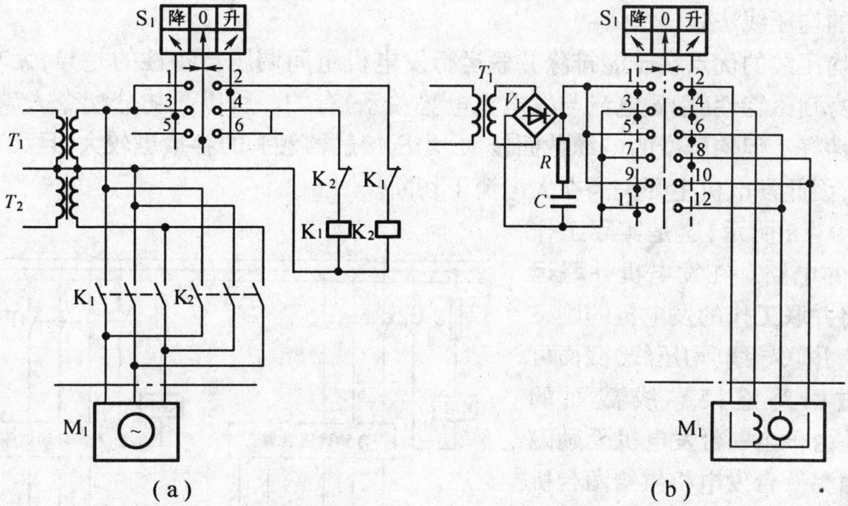

图 9-6 三相交流电动机和直流并激电动机的伺服电

(a)三相交流电动机;(b)直流并激电动机

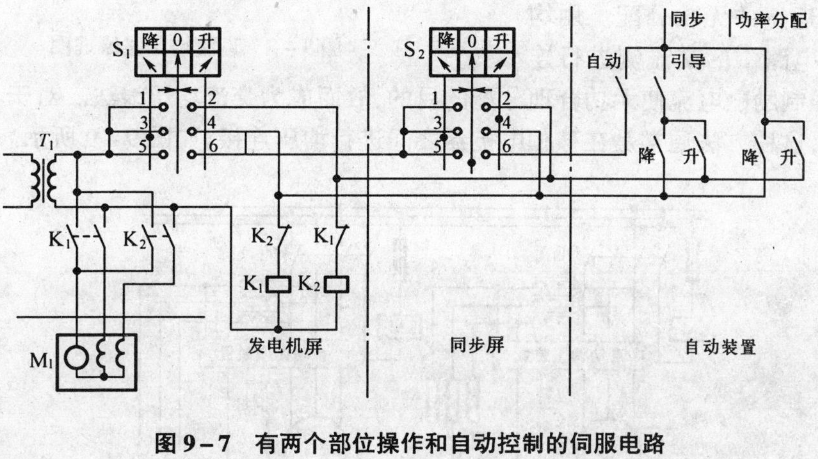

图 9-7 有两个部位操作和自动控制的伺服电路

三、并联运行发电机之间无功功率的分配

发电机并联运行时,负载需求的总无功功率是由各并联机组分担的。同样,其无功功率应按各并联机组容量的比例进行分配,这样才是合理的,并且这种分配关系在运行中应能稳定保持。

电力系统中的无功功率来源于发电机的励磁。为了保证并联运行机组间无功功率合理分配,必须合理地分配励磁电流或调整励磁电流。对于不可控相复励调压装置,因其调压特性曲线是不可改变的,这种类型的发电机组要想稳定的并联运行,不得不采取均压线的方法。

(一)直流均压线法

也称转子均压线接法,多用于同型号、同容量的发动机并联运行间的无功分配,是使用最为广泛的均压线法。

直流均压线的优点在于能排除并联运行发电机组间调压器特性的差异,无功分配仅与发电机本身励磁特性(励磁电流与发电机电势关系)有关。所以无功分配令人满意,并联运行时稳定性好。但均压线的电缆截面较大,均压接触器触头的容量也较大,且无功功率的转移不可控,因此发电机主开关需在大电流下切断。

如图 9-8 所示,这是实际工作中最常见的电路。在发电机并联运行时,和将并联工作的发电机的励磁绕组并联,并联导线(均压线)截面可采用励磁回路连接导线截面的50%,这是由于当一台发电机无励磁电压时,由另一台发电机供给两台机励磁电流,此时均压线中就要流过50%的励磁电流。

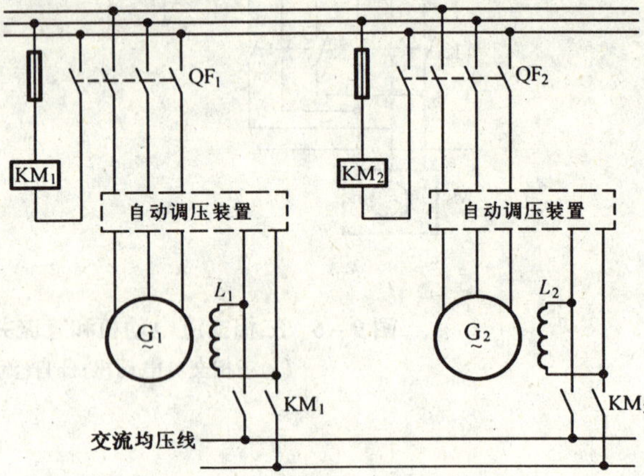

图 9-8　直流均压线原理图

(二)交流均压线法

这种方法常用于不同容量的发电机组并联运行的无功分配。用均压线在励磁电路中的交流侧进行连接,来达到强制励磁电流使无功合理分配的目的,故而成为交流均压线法。对于不可控相复励调压装置,这种方法通常是在移相电抗器之间进行均压连接,如图 9-9 所示。

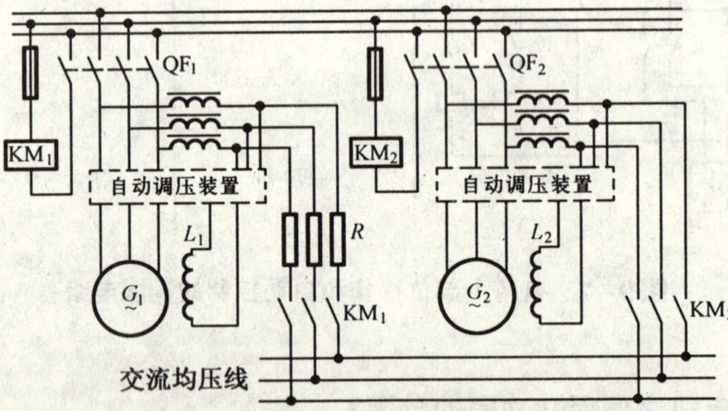

图 9-9　交流均压线原理图

图 9-9 是交流均压线法的典型电路,这种连接方式是将移相电抗器到相复励变压器的电压绕组的节点相对应地连接起来。使无功负载按发电机功率比例分配时,各连接点的交流电压都相等。当相复励装置没有满足电压绕组连接点电压相等的条件时,或不同型号相复励系统参数不同时,可采用变压器耦合,其变比为两连接点电压之比。

必须采用交流均压连接时,为了补偿发电机调压器性能上的差异,可以在均压线上串进附加电阻或可变电阻,来转移无功功率或手动分配无功负载。

采用均压线并联运行的发电机组，一旦均压连接中断，将会导致无功分配严重不等。发电机组并联运行中，当出现两台功率表指示基本相同而电流表指示相差太大，或两台功率表指示基本相同而功率因数表指示相差较大的现象时，说明均压连接发生中断，此时应检查均压接触器，并排除故障。

在图 9-8 和图 9-9 中可以看出，均压线接触器 KM 与主开关 QF 设有联动，这是为了使单台发电机运行时不负担两台发电机的励磁电流，否则将使运行发电机的端电压大大下降，并且使均压线在主开关闭合时接通，这样可以减小因电势差引起的冲击电流。因为先接通均压线时，待并发电机的电势往往比运行发电机的电压高很多。

四、负载转移和负载分配试验

在发电机的并车调试完成后，就可以进行下面的试验。

(一)负载转移试验

先使 1 号发电机组承担 50% ~ 80% 的额定负载，并使 $\cos\varphi=0.8$，再将 2 号发电机组并入电网。然后增大 2 号发电机组的油门，即进行"升速"操作，同时减小 1 号发电机油门，即进行"减速"操作，使 1 号发电机组的负载逐渐转移到 2 号发电机上去。请注意这种操作的前提是在保证频率不变的条件下进行的负载转移，试验时应尽量使电网频率保持恒定。

当 1 号发电机组的负载全部转移后，断开主开关与电网切除。再次并车，将负载再从 2 号发电机组转移回来，让 2 号机组从电网切除。这样反复几次，电网电压、频率都不能有超出规定指标的剧烈波动及主开关自行跳闸的现象出现。

(二)并联运行的稳定性与负载均匀分配试验

空载并联运行稳定试验：

(1)让两台发电机组都处于空载并联运行状态，电网频率保持在额定值，待 6 ~ 10 min 后，观察两台发电机组并联运行情况。正常时，任何一台发电机都不会自动转入电动状态而引起逆功率跳闸。

(2)增加负载到 30% ~ 40% 额定负载，$\cos\varphi=0.8$，保持频率在额定值，同时调节两台发电机的油门大小，使两台发电机组各承担 1/2 的负载，等待 5 ~ 10 min，观察两台发动机组的负载有没有连续不断的转移现象，如果有，说明发电机不能稳定的并联运行，这时要调整两台机组的原动机调整器，使它们的特性一致。

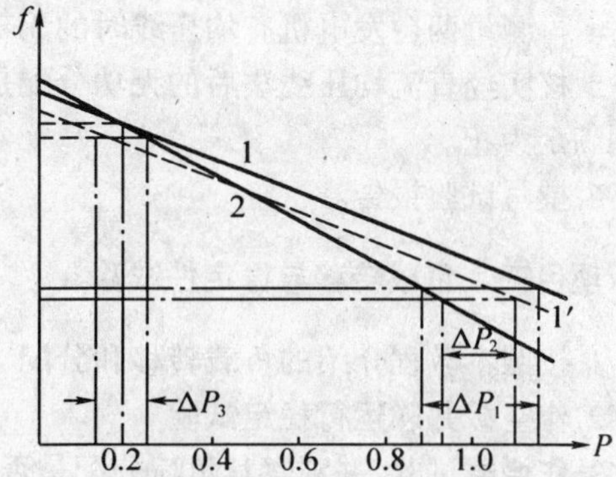

图 9-10 负载分配的初值调整

1—1 号机组原特性；2—2 号机组原特性，1′—调整后 1 号机组特性

(3)将负荷增加到 60%，80%，100% 额定负载各稳定 5 ~ 10 min，再减少到 20% 分别观察记录两台发电机组的负载、频率及功率因数，看其负荷分配是否均匀，如果超出范围不大，可以作适当调整，使两台发电机空载时就有一个预差，以便在负载时能均匀分配负载。如图 9-10 所示，1 号机组的特性为曲线 1，2 号机组的特性为曲线 2，两者在 20% 负荷时能均等分配负荷，但由于特性有差异，到 100% 负荷时，两台发电机的负荷差

$\Delta P_1/2$ 大于 10%。此时可以人为地将 1 号机组特性平行下降到特性 1(调节 1 号机组原动机调整器的预紧力),使 100% 负荷时的负荷差 $\Delta P_2/2$ 小于 10%,这时从图上可以看出在 20% 负荷时,各自负担的负荷不再相等,但只要它们的负荷差 $\Delta P_3/2$ 小于 10% 就行。

两台并联运行的发电机组不但要求其要能稳定运行,还要考核在突然增加或减少负荷时,它们分配负荷的情况。试验时,准备两套负荷装置,每套装置的容量至少要大于或等于一台发电机的额定输出功率,然后使 50% 单台发电机额定功率的负荷投入电网,经过调整后,使两台发电机各自分担一半的负荷,待稳定之后,再使电网加至 100%,150%,200% 单台发电机额定输出功率的负荷。再从 200% 实减至 150%,100%,50% 单台发电机的额定输出功率的负荷,观察电网及机组动态稳定性,并记录各台发电机分担的功率、功率因数及电网频率值,此时其误差应在 $\pm 10\% P_N$ 以内。

以上调整过程需要反复细致地进行到符合要求为止。

第三部分　技能训练

项目一　并联运行发电机组间的有功分配(均分)试验

1.编写试验大纲。

2.参照本教程,作有功分配(均分)试验。

3.单纯调整一台发电机组的“升速”或“减速”时,观察电网的频率变化情况。

4.撰写试验报告。

项目二　并联运行发电机组间的均压线连接和无功分配(均分)试验

1.编写两台同型号发电机直流均压线法无功分配试验大纲。

2.测量两台发电机没有均压线时的无功功率。

3.参照图 9－8 进行直流均压线的连接。

4.再测量两台发电机有均压线时的无功功率。

5.核实经直流均压线法后的无功分配是否满足规范要求,若不满足则查找原因,直至调试到满足为止。

6.撰写试验报告。

项目三　负载转移与稳定性试验

1.按照本教程介绍的负载转移和分配,编写试验大纲。

2.作空载并联运行稳定试验。

3.作增载试验,并观察其负荷分配是否均匀。

4.如果分配超出范围不大,作适当调整,使负荷差 $\Delta P_3/2$ 小于 10%。

5.考核在突然增加或减少负荷时,它们分配负荷的情况。

6.撰写试验报告。

参考文献

[1] 江华圣.电工技能实训.北京:人民邮电出版社,2006.

[2] 林华峰.船舶电站.哈尔滨:哈尔滨工程大学出版社,1998.

[3] 应强云.船舶电气管理及工艺.大连:大连海事大学出版社,1996.

[4] 贾舜华等.船舶电气管理工艺学.北京:人民交通出版社,1987.

[5] 阮礽忠.船舶电气设备维修指南.北京:人民交通出版社,1999.

[6] 王文义.船舶电站.哈尔滨:哈尔滨工程大学出版社,2006.